爱孩子，从懂他开始

用心理学赋能家庭教育

李百芹◎著

作家出版社

目录
CONTENTS

第三章　成长的节奏

第四章　陪伴是一种修行

第五章　在镜子里一起长大

序言

评价一个木工，要看他做的桌子；评价一个陶工，要看他做的罐子；评价画家，要看他的画；评价书法家，要看他的字；评价妈妈是不是也要看她的作品——孩子？

当然孩子不是妈妈一个人的作品，影响孩子成长的因素很多，家庭、社会、学校都是，但是不论哪个环节妈妈都不能缺席，而且妈妈是孩子的第一任老师，直接决定孩子成长发展的方向。

对于一个生了孩子的女人而言，“妈妈”是她的天职，抚养和教育孩子是她的使命，大自然在给女人准备一个温暖的子宫的同时，也为她准备了一颗充满爱的心。

当一个小生命在女人的身体里经过十个月的孕育呱呱坠地时，两个生命都会发生神奇的变化。母爱是一种荷尔蒙反应，女性在产后脑部几乎立刻就会产生某种“催产素”，这种荷尔蒙引起乳汁分泌，也引发母性情感。这就不仅能保证孩子的生存需求，也能保证其情感需求。随着孩子成长，乳汁可以断掉，但是精神的滋养却永远保持着。

母子之间永远有一条看不见的通道，母爱就是通过这条通道源源不断地供给——就像婴儿通过脐带从母体吸取营养，孩子也要通过这条通道吸取成长所需要的爱。

在孩子成长的过程中，这条通道却经常因为疏忽、矛盾、误会、争吵、怨恨等情绪的淤积而堵塞，致使母子之间越来越陌生。直至青春期，在父母眼里，孩子成了那个坐在我们对面却不知道他在想什么的陌生人，从此我们越来越不懂自己的孩子。

而懂是教育和关爱的基础，只有在这个基础上，父母才能播撒爱，孩子才能幸福健康地成长，并能在长大成人之后自由地做他自己，绽放他生命本有的光彩。

不懂，就会让妈妈因为自身的缘故，给孩子的成长造成种种缺失，从而带来可能影响他一生的痛苦。可怕的是，不懂的妈妈产生了对“好妈妈”认知的错位，她们用自己认为的“好”来教育孩子，于是出现很多问题。更可怕的是，面对孩子的问题和痛苦，妈妈完全不知道自己错在哪里。

作为一名资深教育人，一名心理咨询师，面对孩子成长中不得已而承受的痛苦，我会深深地感到心痛，这心痛让我产生“救救孩子”的想法。我深深地意识到，我应当做的和能够做的最重要的一件事，就是引导妈妈们学点心理学，从心理学的角度懂得怎样做一个好妈妈。

心理学是哲学的分支学科，它研究人类心理现象及其影响下的精神功能和行为活动，涉及知觉、认知、情绪、思维、人格、行为习惯、人际关系、社会关系、IQ、性格等多领域，也与日常生活的许多领域——家庭、教育、健康、社会等发生关联。

心理学尝试用大脑运作来解释个体基本的行为与心理机能，同时，也尝试解释个体心理机能在社会行为与社会动力中的角色；另外，它还与神经科学、医学、哲学、生物学、宗教学等学科有关，因为这些学科所探讨的生理或心理作用会影响个体的心智。心理学是科学的。

妈妈的天职是要把呱呱坠地的小生命培养成一个人，喂饭养其身体是看得见的，看不见的是对其心灵的滋养。那么对妈妈来说，心理学就是养育孩子的说明书，懂点心理学才能更懂自己的孩子，基于懂的教育才是最好的教育。如同养花，只有熟悉花的习性，才能把花养得茂盛，让花开得美丽。

曾经有一位女同事和我对桌办公，看到办公室另一位男同事养了很多植物，而且养得叶绿花红，生机勃勃，她很是羡慕。男同事分给她一个仙人球，并且帮她栽到一个精美的盆里。自从有了自己的植物，这位女同事便无心欣赏别人的植物了，每天上完课就端详自己的植物长高了吗，长大了吗，每次都忍不住浇上一点水。男同事多次警告，她养的是仙人球，性喜旱，不喜水。道理她也知道，但就是对自己的植物太在意了，每天看着看着，爱到极处还是忍不住浇点水。结果，不几天，仙人球就死了。她很伤心。

男同事说："别伤心了，看你勤快，剪下几枝绿萝插到盆里给你养着吧，这个浇点水没关系。"从此，她又有了自己的植物，那个爱呀，每天还是不停地浇水。但是，浇多少水也看不出动静，对她的爱，绿萝似乎没有反应。但她却特别想知道，在她的精心浇灌下，绿萝扎根没有。于是，每天浇完水就拔出来看看长根了没有，结果没几天，绿萝也蔫了。

这件事，当年我们同事间都当作玩笑，直到我开始研究家庭教育，突然发现，它佐证了教育孩子学习心理学的必要性。因为不懂植物的习性，她用盲目的爱害死了心爱的植物。

养育孩子更应该仔细认真地研究孩子的天性，然后顺着天性给孩子适合的爱，才能完成培养人这个神圣的使命。本着这样的认知和使命，我从亲子教育的现实出发，从发生在孩子和家长身上的故事中，带领你认识并学习教育孩子所需要的心理学，希望你能成为一个懂孩子的好妈妈、好家长。

第一章
“管”和“带”

无条件接纳孩子

每个孩子都是一个天使，降临人间自有他要完成的使命。但是人——这种自诩为万物灵长的动物，往往生而脆弱。出生后，如果没有妈妈的照顾，便根本无法存活；成长中，离开妈妈的教导，就会偏离生命的航向。妈妈是孩子一生都离不开的根本。

在向我咨询的家长中有一位年轻时尚的妈妈——姑且就叫她“时尚妈妈”吧。每次看到她，总有些心酸，有些遗憾，有些无奈，更有些悲哀，因为她的美丽和精致总被儿子带给她的眼泪冲刷得一塌糊涂。

痛彻心扉

第一次来到我办公室的时候，门一开，呼呼的风中带来扑面的香气。她看上去非常干练，说话也干脆利落，逻辑严密，思维清晰，时不时会说出一些教育孩子的大道理和心理学的专业术语，应该是上过不少家庭教育课。这种类型的家长一般是已经对孩子束手无策，只好到处寻找救兵。只要孩子能转变，他们愿意付出一切。

她的儿子，初三学生，不上学在家两个月了。每天抱着手机和平板，疯狂打游戏，刷视频，通常凌晨三四点睡觉，第二天中午十一点左右起床，有时候睡到下午一两点。一天两顿饭，全吃外卖，家里的饭一点不吃——其实，家里也没有饭。儿子不和妈妈交流，只要妈妈开口说话，他立刻关上房门，几天见不到人。要是他觉得妈妈态度仍然不好，就离家出走。半年前一次出走，在酒吧待了四天四夜，一家人找翻了天，最后报警才找到。现在窝在家里，吃饭睡觉没规律，不起床不运动，身体状况越来越糟，肠胃尤其不好，接近一米八的个子，体重只有四十五公斤，整个人像瘦弱的豆芽菜。

孩子从什么时候出现这种状态的？

上初一就不听话了。上小学的时候很听话，那时候不敢不听，如果不听，我会实打实地揍他。但是，现在揍不了了，他那么高，动不动还跟我动手。前几天一把把我推到地上，当时头碰到门把手上，我一下子晕了，好长时间没爬起来。就在他的房间里，但是他连看我一眼也不看。

说着，她拿起纸巾擦泪。

孩子爸爸呢？

我们是单亲，我俩和我妈一起住。儿子一岁零八个月的时候，我和他爸离婚了。离婚时真不想要这个孩子，但是他爸爸一家坚决不要，没办法，只有靠我妈帮我带大。

其实就不该生这个孩子，说句实话，不怕你笑话，我从心里不喜欢这个孩子，怀着他的时候我们夫妻就天天吵架，我恨死这个孩子了，多次想去做人流。但这个孩子命大，每次都是这样那样的原因没做成。

生完他，他爸爸就不回家了，住在外地办事处。出了满月，我也走了，去了上海，和我一个表妹开店。他从小没吃母乳，奶粉喂大的，当时我的奶水挺多，但我就是不给他吃，因为我打算好了，坐完月子就走。他上小学之前，我回来得很少，一两个月回来一趟，后来半年回来一次，回来他也不恋我。

但是自从上小学之后，我妈照顾不了了。一方面，辅导不了作业，再就是他开始不听我妈的话。我妈三番五次地让我回来，说先带孩子。我也意识到有问题了，就回来开了个美容店，准备自己带孩子。上学接送还是我妈，晚上跟我住，我辅导他作业。我脾气急，也要强，他做不好就骂他，或者直接揍他。那时候，他很怕我，很听话，学习成绩也很好，在班里前五名。

但是，上初中后，他像完全变了个样，谁的话也不听了，时时处处跟我对着干，并且越来越冷漠、无情、不懂感恩。现在我都不敢说话了，他动不动就说："从小除了打我，你管我了吗？你还冲着姥姥吼！你有什么脸？我就是要花你的钱，有两个臭钱算什么？"

为了让他变好，我自己去学习，花钱就不用说了，一年时间三分之一都在参加各种学习班，特别是家庭教育课程。店里也顾不上了。专家说，我得先改变自己。为了他，我愿意。

她使劲用纸巾按住眼睛，不让眼泪流下来，但是眼泪已经不受控制，她开始抽泣。眼泪和着眼线的黑，在白白的粉底上流淌出弯弯的印，用纸巾一抹，整个妆容像水墨画一样。她已经无暇顾及，微微低着头，使劲压抑着就要爆发的哭泣。

如此在乎容貌的时尚女性，不允许妆容有丝毫马虎，不允许穿着有半点邋遢。她红色指甲上贴着精美的小碎花，可见每天都精心打扮自己。现在却如此狼狈不堪，如果有一面镜子的话，估计她会立刻掩住脸跑去冲洗，并重新化妆。然而此时，内心极度痛苦，就连最在意的容颜她也顾不上了，满心只有一个念头：等待救赎。她急迫而焦躁，似乎在低沉地呐喊：谁能给我想想办法？谁来救救孩子？谁来救救我？

追根溯源

她的表现并不奇怪，她遇到的问题也不是个例。当孩子出现问题的时候，所有的父母都是一样的心情，恨不得一把抓来一个良方，让孩子马上改变，改掉所有坏毛病，迅速回到健康成长的路上。他们甚至一再降低自己的要求，从非常重视学习成绩，到不管成绩好坏，只要认真上学；到学习不学习不重要，只要按时去学校；再到上不上学也没关系，只要不天天关在房间里玩游戏；到玩游戏也不要紧，只要能按时吃饭睡觉；直到不管他怎么样，只要能正常活下去，而不是把自己封闭起来与世隔绝。

他们在孩子面前也越来越卑微，从君临天下变成奴颜婢膝，有时候还会苦苦哀求。但是这一切都无济于事，孩子不但不领情，反而会心生厌恶，表现得非常无情。如果父母仍然不知道改变教育方法，孩子对父母的感情慢慢会由厌恶进一步发展到怨恨。一旦怨恨产生，亲子关系便很难改善，很多人一生都不会原谅自己的父母。

这些，往往不是孩子错在先，也没有拿来就能奏效的良方。冰冻三尺，非一日之寒，解决问题还要从根源上找契机。

遗憾的是，一旦问题爆发，病因已经埋下很久，因为问题盘根错节，原因显得很难寻找。时尚妈妈的儿子表现为厌学、辍学，但根本原因盘踞在夫妻关系以及养育方式里。

青春期特征

一般说来，孩子的问题往往集中爆发在青春期，高发期集中在初二到高二这四年。青春期的特点决定了这个时期的孩子不会像小时候一样，完全听大人的，他们需要尊重，需要信任，他们要自由，要自主，在性格上会出现青春期的独特性。

青少年心理发展的一般特点是生理发育十分迅速，心理发展的速度相对缓慢。身心处在一种非平衡状态，出现种种心理发展上的矛盾。

（1）生理变化对心理活动的冲击

由于青少年身体外形的变化，他们产生了成人感。由于性的成熟，他们已经体会到一种强烈的冲击和压抑。

（2）心理渴望成熟与实际上幼稚的矛盾

——反抗性与依赖性。他们有强烈的独立意识，试图通过对父母的反抗来显示自己的独立人格，因而常处在与成人抵触的情绪中。但遇到挫折时，又表现出依赖性，希望得到父母理解、支持和保护。

——闭锁性与开放性。青春期的孩子逐渐将内心封闭起来，心理活动不喜欢外露。同时又感觉孤独和寂寞，希望有人关心和理解，找到知心朋友后，就会推心置腹，毫无保留。

——勇敢与怯懦。青春期的孩子有时很勇敢，略显莽撞和冒失，有初生牛犊不怕虎的特点。但有时也会怯懦，公众场合害羞、局促，不够坦然和从容。

——高傲与自卑。因为对自己能力和性格认识不全面，总是凭一时感觉自我判断。一次偶然的成功就觉得自己非常优秀而自信爆棚，偶然的失利又觉得自己无能透顶而极度自卑。

——否定童年与眷恋童年。成人感让他们觉得自己的一切行为都应该与小孩的表现不一样，力图从各个方面否定自己的童年。同时他们又眷恋童年时无忧无虑的心态、简单明了和宣泄情绪的方式，以及小时候父母无微不至的照顾。

鉴于以上特点，在养育上，他们精神方面的需求逐渐增加，不再像小孩子。对于小孩子来说，生活是被安排的，他们也愿意接受父母的安排，在父母的安排里会感到非常安全和温暖，这足以让他们生活得很开心快乐。因为年龄小，他们也没有反抗被安排的能力。所以，父母如何对待孩子，用什么方法教育孩子，在孩子小的时候是看不出问题的。时尚妈妈养育孩子一开始就出了问题，但孩子小的时候看不出来。用她的话说，儿子小学的时候很乖，很听话，学习成绩也很好，都是班里前五名。

正因为看不出问题，家长便以为没有问题。这是很多父母的通病，他们不学习，总是一意孤行，最自以为是的说辞是，我父母就是这样教育我们的，我们不是长得好好的吗？时代不同了，孩子成长的环境不一样，教育方法也该变化了，不讲究科学的方法，是早晚会受到惩罚的。

孩子小的时候，大吼小叫、吓唬威胁是管用的，他们因为害怕而听话。要命的是孩子只要听话，很多父母就觉得自己做得对，教育得好。听话，似乎是我们世世代代教育成功的标准，你看，直到信息如此发达的时代，很多父母仍然摇头晃脑地背“父母呼，应勿缓”，不仅如此，还强制孩子背诵并遵守。

随着孩子慢慢长大，你会发现单纯的吓唬和强制不管用了，吓唬已经失效。他们已到了初生牛犊不怕虎的时候，心比天大，连世界都不放在眼里，怎么会怕你吓唬！更何况，这个时期心理上反抗性的特点，决定了他们要翻越父母这座山。他们必须表现出比父母更厉害才能完成自我发展，因此强制也没有丝毫作用。他已经比你更强，随时准备爆发出强大的反抗力，你出招，只能产生更大的反作用力，哪里有压迫哪里就有反抗，就是这个道理。而一旦孩子反抗起来，父母基本都是束手无策，最后总是以失败告终；并且所有发泄到孩子身上的火，他们都会加倍地还回来。

错在这里

看到眼前哭哭啼啼的时尚妈妈，谁都想给一个方法立刻解决她的问题，帮孩子回到正路。可是，我们必须一步步从根源上做起。我告诉她，导致今天的结果，你的主要错误有两个：其一是要了孩子，但没有无条件接受孩子；其二是生了孩子，但没有自养孩子。两者结合起来可以看出，你们虽然是骨肉相连的母子，但你的心却没有给孩子。

有这么一个故事说，一个小孩子要降生，他到佛祖那里说：我这么弱小，降到人间我很害怕。佛祖说：你不要害怕，我已经安排了菩萨在人世间保护你。小孩说：那菩萨叫什么名字？佛祖说：她的名字叫妈妈。

这是一个多么感人的故事！它阐释的就是伟大的母爱，所以，我们说母爱伟大，就在于她的无私，没有任何条件地接受孩子。正是因为有了这种情感保护，每个孩子的出生才会是安全的，人类才得以顺利繁衍。所以，好妈妈首先就要无条件地接受孩子，否则，任何时候的母爱缺位都会成为你对孩子欠下的债务，而欠下的债，早晚是要还的。

显然，时尚妈妈正在接受欠债的惩罚。从一开始就没把孩子当作独立的人，只是当作一段关系的副产品，随着关系的破裂，对产品也就没有了任何珍惜。年轻的妈妈或许以为，孩子也可以像那段婚姻一样，随便处置，于是不给孩子喂奶，刚出月子就一个人跑到上海，把孩子留给自己的妈妈养育。可是，孩子会长大，会有思想，如果他的成长没有得到相应的营养，就会变得畸形。

从时尚妈妈的讲述中可以知道，孩子从小就没得到过正确的爱。胎儿期就生活在争吵的恐惧中，而且多次差点儿被抛弃。要知道，父母吵架对孩子人格健康成长的破坏性极大，越小的孩子受到的伤害越大，对于胎儿，夫妻吵架的影响相当于天塌地陷。这个孩子十个月躲在妈妈肚子里都经历了什么样的恐惧，没人知道，只是，出生后他就没有见到那个天天吵得很凶的男人——他的爸爸，而本该完全爱他的妈妈，又彻底放弃了他，连仅有的维系生命的奶水也不给吃，用了一个月养好自己的身体就跑了，把弱小的他交给姥姥。姥姥独自在家庭破碎的沉重泥淖中把他喂养大。

这个弱小的生命将自己的安全依附在残缺不全的家庭上，从来就没有享受到家的温暖，没有尝到妈妈温情的滋味。等到上小学，妈妈回来了，一看孩子没按照自己的标准成长，看哪儿哪儿都是毛病，于是亮出身份，严格要求，从此这个孩子不得不开始承受非打即骂的所谓母爱。尽管他多次深夜哭着要姥姥不要妈妈，但是弱小的他又能躲到哪里？

当然，现在妈妈的确是非常爱他的，想要让他变得好，变得阳光上进有激情，这一点不用怀疑，没有一个妈妈愿意看到自己的孩子不成器。但是，可悲的是，有很多这样的时尚妈妈，自己亲手造成了孩子的不成器。

建立温暖的依恋关系

一个没有被妈妈无条件接受的孩子，其灵魂是无所附着的，成长过程中充满了不确定性。婴儿和养育者的依恋关系直接决定了其性格的形成和人格的健全发展，能不能建立良好的依恋关系，和什么样的人建立依恋关系，对于婴儿的成长来说至关重要。

最健康而宝贵的依恋关系，当然应该是和妈妈的依恋。

依恋，对儿童的发展存在着较长时间的影响，缺乏正常的依恋关系会影响儿童健康的发展，只有正常的依恋关系才能促进儿童良好的发展。

根据父母对待儿童的态度和行为方式，儿童的依恋可以分为三种类型。第一种是安全型依恋，大约 70% 的婴儿属于这一类。第二种是矛盾型依恋，大约 10% 的婴儿属于这一类。第三种是躲避型依恋，大约 20% 的婴儿属于这一类。依恋性质对儿童心理发展的影响很大，不良的依恋关系，经常会导致孩子成长过程当中心理问题的发生。心理学家鲍尔贝（Bowlby）早就提出抚养者与儿童正常依恋关系的缺乏，可能会导致儿童严重的心理障碍。

日常生活中，我们会发现，当儿童遇到不能解决的问题时，安全依恋的儿童很少发脾气，更多的是接受父母的帮助。在社会交往中，你会发现安全型依恋关系的孩子更受欢迎，他们有更好的伙伴关系，不安全依恋的儿童则经常经历挫败。如果母亲是严厉的、自我中心的，常常对孩子采取拒绝的态度，孩子就很难形成健康的依恋关系。就像时尚妈妈，从刚一开始就拒绝了这个孩子，孩子甚至没有办法跟她建立一点点关系。缺乏关心关爱，儿童就难以建立对任何人的依恋，这种早期感情生活的缺乏，将对儿童今后的生活带来严重的影响，为孩子长大后出现问题埋下隐患。

时尚妈妈正被这从小生根发芽长大的问题折磨。好在上帝制造出问题的同时，总把钥匙藏在某个隐蔽的角落，只要找准了，让孩子重新获得正确的爱，慢慢地，他就会回到正确的道路上。

给时尚妈妈的建议

首先要反思自己，反思和孩子的关系，从内心接受孩子，知道对孩子的爱应该是无条件的。他之所以长成今天的样子，是因为没有给他爱的滋养。

从现在起，你要把心放到他身上，建立起你们本该有的爱的通道，用你的爱去滋养他、融化他，而不是只看到他的问题，一味地指责批评他。要相信，没有一个孩子愿意长成别人不喜欢的样子，不被周围的人喜欢是一个人最大的痛苦，作为妈妈要帮助他从痛苦中走出来。

其次，尽量给孩子家的温暖，哪怕家是残缺不全的，正常的仪式感和温暖仍然是可以有的，是不能忽视的。

时尚妈妈很聪明，悟性也高。她说，我恍然大悟，觉察到这些年我不但没给孩子一个家，连我自己都从来没有家。从今天开始，我要先把心放到家里，每天做饭而不是天天吃外卖；让家里有烟火气，而不是冰冷的。我要把身份调整一下，店铺放手让员工去做，自己多在家里，尽一份妈妈的责任，洗洗衣服，做做美食，插插花，布置一下客厅和卧室，自己也享受一下家的温暖。

一颗漂浮着的心终于可以安顿下来，安顿下来的心足以创造出巨大的爱的力量，这力量可以融化一切。相信她的儿子很快就会感受到，也会从此放下抗争的武器。接下来，时尚妈妈再有选择地学习一些与青春期孩子沟通的技巧，他们之间爱的通道就会很快重新链接。有了通道，所有的教育才会生效，孩子的问题才会慢慢修正。

孩子就要亲自带

心理学家阿德勒说：“在所有的心灵表达中，最能揭示真相的是个体的记忆，世上没有偶然的记忆，人们只会记忆自认为与个人问题有关的人生故事。”

对孩子来说，最好的环境就是妈妈的爱，越小的孩子，妈妈越是整个世界。

冰冷的亲情

坐在我面前的这对夫妇非常伤心，爸爸唉声叹气，妈妈脸上还挂着泪花。他们说什么也没想到女儿会亲口说出这种话，这可是亲生的女儿，一个才十五岁的高一女孩。妈妈无助地抬头看看女儿，她多么想证明刚才的话不是出自女儿之口。但她祈求的眼神，一点也没触动面前这个女孩。女孩仰着头，恶狠狠地盯着天花板的一角，突然很大声重复了一遍刚才的话：“他俩死了，我都不会掉一滴眼泪的。”说完，呼呼地喘着粗气，极度愤怒的样子。空气骤然升温，感觉一点就爆。爸爸有点紧张了，似乎害怕女儿出什么事似的，妈妈只是低头擦泪。

这是曾经发生在我工作室中的一幕。父母的伤心、无奈、无助，孩子的极端愤怒、怨恨，交织在一起，让家庭中的每一个人都无法冷静地看待自己。他们都沉浸在受害者的感觉里，无法自拔，并不断释放着再次伤害对方的信息。你会觉得，这个女孩都十五岁了，也该懂事了，怎么会说出如此大逆不道的话！偷着骂父母也就罢了，竟然是当面对自己的亲生父母如此无情地大吼。好歹父母生了你，养了你，怎么会如此不懂事呢，难道就没有一点感恩的心？

但是，我们是否想过，我们之所以惊诧，恐怕主要是因为他们的身份是孩子和父母。我们儒家文化的传统，孩子绝对不可以对父母如此说话，说出这种话，不管青红皂白，简直就是大逆不道。但是，假设对面的人换一下身份，是朋友或者邻人，看到女孩如此盛怒，我们的反应可能就会大不相同——会是疑惑和同情，这个女孩怎么了？这两个成年人对她做了什么，竟然会对她造成如此大的伤害？这个女孩真可怜。

其实，这样的假设完全适用眼前的这一家人。

奶奶抚养大的女孩

女孩是双胞胎，还有一个同胞弟弟。出生后，因为妈妈身体虚弱，爸爸工作太忙，姥姥心疼自己的闺女，坚持把她送给奶奶养。她几个月大的时候，爷爷生病去世，奶奶也病倒了，她又到了姑姑家里。从那以后，就是奶奶和姑姑轮流照顾她，直到上小学，她才回到自己的家，和弟弟一起入学。

回到家后，弟弟非常不适应，对她很不友好，一发生矛盾就赶她回奶奶家。所以，她虽然回到了自己的家，但是总像生活在别人家里，很不自在。一到周末，她就回奶奶家。妈妈看在眼里，极力调解，让弟弟让着她。但是无论父母如何做，她总感觉爸爸妈妈是弟弟的，而她是外人。所以在这个家里，她很局促、别扭，总也无法放松，直到上初中。用她的话说，在家里她从来都是坐有坐相，站有站相，不会横倒竖歪地躺在沙发上，而只有回到奶奶家，她才能够放松，才可以脱掉鞋子，光着脚丫，坐在地上看书吃零食。

整个小学阶段，爸爸妈妈一直在努力改善和她的关系，努力亲近她，迁就她。上了初中之后，周末妈妈就不让她再回奶奶家了，一是因为奶奶年纪大了，照顾她很累；二是她的功课多了，学习很紧张，周末她和弟弟都要去上补习班。妈妈对他们的学习要求很严，她经常因为学习的事被妈妈训斥。她说一提到学习，妈妈就完全变了个人，像个母老虎。开始的时候她很害怕，总想回奶奶家，但是每个周末都被补习班安排得满满的，根本不可能。她很努力地学习，成绩比弟弟好，总算比弟弟少挨了不少批评。但是妈妈每次怒斥弟弟的时候，她仍然感觉像在说自己，内心很恐惧又很愤怒，但是不敢说什么。

初二下学期期末考试，她和弟弟都没有考好，她的成绩比弟弟还差。这次，妈妈生气了，大声吼他们，说花了那么多钱上补习班，才考出这样的成绩，说她耗尽精力来照顾他们，他们竟然如此不争气；还骂他们是无用的东西。

女孩说，那次她不知道怎么了，一下子就爆发了，把书全扔到地上，嗷嗷地大哭了一通，拿起衣服就去了奶奶家。从那以后，她再也不怕妈妈了，对妈妈由恐惧变成了厌恶。每次看到她发火的样子，就感到非常厌恶，又感觉自己被她控制着逃不了，跑不掉，所以非常恨她。于是和她吵架成了家常便饭，感觉骂回去心里才轻松。

亲密关系需要构建

再回头看开头的一幕，你或许就不会觉得诧异了。原来这是一个寄养的孩子，而寄养的孩子问题多。

前面我们说过，依恋关系对一个人的健康成长至关重要，然而，这个女孩从小的依恋对象是不固定的，先是奶奶，后来又是姑姑。没有固定的依恋对象，对婴幼儿安全感的建立是极大的破坏，可能影响她性格的健康发展。后来，她回到家里，仍然是正襟危坐，充分体现出她内心的不踏实，没有安全感，眼前这个家不足以让她放松下来。

更重要的是，她和该依恋的人——妈妈没有建立依恋关系。出生后就送给奶奶喂养，她和妈妈是疏离的，和妈妈情感上的联结非常匮乏。一个人要活下来，不单是靠食物，更需要精神抚慰、心理依托。从这个意义上说，女孩心理上的妈妈是奶奶，只有在奶奶那里她才有完全放松的安全感，而妈妈就是个外人，对她来说，妈妈的身份只存在于理论上。

但是，生活总是会按照理性发展，长大后，女孩理所当然地被收回到妈妈身边，妈妈也理所当然地要尽妈妈的责任，管教自己的孩子，可是这种缺乏感情基础的管教特别容易激起反感。尽管接她回来之后，生活中妈妈百般迁就，努力想和她亲近，让她找到依赖妈妈的感觉，享受到和弟弟一样是家里孩子的待遇，但是，这些都太晚了。

心理学家阿德勒在他的《自卑与超越》里说，五岁前儿童已经形成了一套完整而牢固的行为模式，形成了个人最为根深蒂固，也最为恒定的概念，知道能对世界和自身期待些什么，从此以后世界在他的眼里就被放进了一个固定的统觉框架中，一切经验都得经过这个框架解读后才会被接受，而这解读又往往离不开儿童时期形成的对生命意义的原初理解。也就是说，在人生的最初四五年里，他已经确立了自己的精神诉求，奠定了心灵与身体之间的根本联系，固定的生活方式已经成型，并具有相应的情绪、身体习惯与特质。

所以，对这对母女而言，尽管妈妈非常努力地想修补母女之间的关系，但还是失败了。因为有些东西是无法弥补的。尤其是母子情感的建立，必须是从生命萌生开始，点点滴滴地浸润，才能有长大后的心心相通，否则，心难近，情难融。

尽管是母子，体验到的却是世上最远的距离。这也是很多人感觉和自己的父母不亲近的原因。我的学生当中有不少人曾经跟我说过这样的话：等我长大了，要远走高飞，再也不回家了，当然，我会寄钱给父母，只是寄钱给他们，让他们过得富裕一些。当这些孩子的父母听到这些话时，不知道会作何感想，有谁养孩子只是为了将来得到他们的钱？

不要轻易放弃亲自带孩子

很多妈妈会为不亲自带孩子找很多理由，比如女孩的妈妈，因为生了双胞胎，自己身体弱，丈夫工作忙，感觉照顾不过来，就把她寄养到奶奶那里；再如前面提到的时尚妈妈，因为婚姻感情破裂，她便理所当然地把无奈生下来的孩子交给自己的妈妈抚养；还有很多妈妈，后来被孩子质问为什么抛弃自己的时候，她们会哭着说，当初实在没办法，贫穷、疾病或者逃避计划生育，等等。

但这些只能当作理由，来求得孩子的原谅和对自己的宽恕，却永远没有办法改变和孩子“心难近”的事实。更有很多妈妈犯了这种错误，并不是因为贫困、疾病等不得已的情况。有些妈妈虽然物质富有，却缺乏基本的心理学知识。

在我辅导过的学生当中，有不少家境富裕的孩子，他们从小衣食无忧，甚至有的极尽奢华，但是，长到青春期，各种问题便暴露出来，抽烟、喝酒、打架斗殴、谈恋爱、离家出走等，无所不有，成为问题孩子。这些有问题的孩子一个共同的经历就是他们从小被保姆养大。出生的时候，他们的妈妈是富人家的女儿，有条件请全日制保姆，二十四小时带孩子。这似乎也成为这些妈妈的一种炫耀，你看，自己即使生了孩子，也没有陷进养孩子的泥潭中。保姆来替代自己完成对孩子日常吃喝拉撒的照顾，自己只负责陪孩子玩；因为有保姆，睡觉都不用自己陪孩子，不像那些照顾孩子的妈妈那么疲惫，自己丝毫不必受孩子的拖累。

还有一些年轻的妈妈，孩子生完之后就交给婆婆养，认为这是天经地义的。她们认为孩子是给婆婆家生的，自己生孩子已经立了很大的功劳，养孩子自然得婆婆出力；另一种类型是年轻的父母没机会自己带孩子，长辈觉得他们年轻，不放心，干脆把孩子抢到自己的身边。

凡此种种，只要让孩子离开妈妈，都不是好的养育方式。孩子就要妈妈自己带，不管什么理由，把孩子寄养到别的任何人那里都将是无法弥补的过失。因为这将直接破坏孩子的成长秩序。阿德勒还说：“一名与母亲完全失去联系的婴儿，就算有其他人替代了母亲的位置，也难免凋萎。”“如果妈妈对于自己的天职不满意，对其缺乏足够的兴趣，那么整个人类都会陷入危机之中。”

而对于婴幼儿来说，妈妈就是他的全部世界，因为有妈妈，孩子才有世上最温暖的家，才有爱心，才会以善意来对待世界。

不得不提防的隔代爱

物有本末，事有终始。知所先后，则近道矣。

——《大学》

这是一位七十多岁的老人，来找我是为了孙子的事情。老人看上去不显老，衣服干净整洁，头发一丝不乱，谈吐文雅，很符合退休教师的身份。

无奈的奶奶

老人的孙子十六岁，本该上高二，眼下休学一年，重新上高一。但是，新学期开学后，断断续续只去了两周。说好的十一以后按时上学，可是没去；又说元旦以后再去，元旦马上就到了，看样子又去不了。

孩子每天就在家打游戏，晚上不睡，早上不起，关在自己房间里，谁都不让进。疯狂花钱，买鞋子，买衣服。天天吃外卖，点一份不好吃，就接着再订一份。这些不要紧，最无法控制的是买游戏装备，那是个无底洞，不给钱就偷，说急了就要跳楼自杀。他爸爸妈妈管不了，一说就大吼，还经常动手，现在是谁的话都不听。

老人说着，流下了眼泪。她抬手擦泪，只见手似虬枝，动作缓慢，刹那间，老态尽显，不觉一丝悲凉袭上心头。人到这把年纪，竟会被孙子的不肖折磨得如此不堪！

我说：“您也别太伤心了，孩子的问题，还是让他的父母来解决吧。”

她说：“这孩子从小是我带大的，现在这个样子，这不没法和他妈妈交代，唯恐人家心里怨恨，怨咱没教育好不是。”

您是说，孩子从小一直和您生活在一起吗？

是啊。我就他爸爸一个儿子。他们结婚三年没生孩子，我们着急啊，想尽了各种办法，只差最后去做试管了。第四年，儿媳妇怀上了他，我们全家人那个高兴啊，对儿媳妇像皇后娘娘一样，小心伺候着。我儿子从小没干过一点活儿，连内裤袜子都是我洗，水果都是削了皮才吃。儿媳妇也是独生女，咱也不能支使人家干活儿。

生了他，我正好退休，孩子从出生的那天，就跟我睡，他妈妈只负责喂口奶。满月里晚上，他醒了，我就抱过去推一推他妈妈，给他喂喂奶，然后再抱走。妈妈的奶水也不好，每天晚上抱着孩子过去，他们俩睡得死沉死沉的，都不耐烦；后来就不叫他们了，晚上醒了，就给他冲一次奶粉喝。再大点，就直接不用他们了。

他五个月的时候，我儿子调动工作，儿媳妇愿意跟着一块过去，于是，他俩搬走了。我们觉得正好落得清静，只照顾小的，不用伺候两个大的了。从那之后，孩子就一直跟着我。儿子的工作很忙，几乎见不着人，儿媳一周或者两周来一次，等到他两三岁，就经常一个月来一趟。不用他们小两口，我们把孩子养得白白胖胖的，很喜人。

孩子跟着我们一直上完幼儿园，这时他妈妈愿意接孩子到他们那里上小学。我和他爷爷不同意，小两口没带过孩子，自己都吃不好饭，小学又要辅导功课，他们哪有耐心啊。但是，儿媳妇非要带走，我们舍不得，最后还是狠狠心放他走了。他走了我们惦记啊，坐卧不安，整天猫爪挠心一样。还好，没到两周，这孩子不干了，非要找爷爷奶奶，说什么也不在他们那里，没办法又把他送回来，跟着我们上小学。

不管怎么说，我当了三十年的教师，积累的经验，教育这么一个孩子我还是很有把握的。整个小学期间，这个孩子就是周围邻居孩子们的榜样，懂礼貌，懂事，也很团结小伙伴，长得又很精神，邻居没有不夸奖的。就这么一根独苗，这么有出息，我和他爷爷也特别骄傲。

说实在的，从小物质上不管什么都不缺他的，觉得爸妈不在身边，不能亏了他。只要别的孩子有的，他都有，别的孩子没有的，他也有。这孩子从小大方，经常把自己的玩具分给小朋友，我们也支持，再给他买呗。挑食，爱吃肉，当地的猪肉羊肉都不吃，爷爷让人专门从内蒙古发过来牛羊肉；鱼，只吃鲳鱼和三文鱼；米饭必须是五常大米，换成别的，一个米粒儿也不吃。上幼儿园时，我们都是把他接回家吃饭，直到上小学，吃饭都是我一口一口地喂。

上完小学，他妈妈又要带他走，他不去啊。这次，他爸爸妈妈生气了，非要带他走。也不知道从哪里听了一些父母课，说孩子就应该自己带，说老人带孩子容易溺爱，会惯出好多毛病来，最后生拉硬扯地把他弄走了。气得我们不行，要孩子就要孩子吧，非说我们隔代爱，惯坏了孩子。我们养得好好的，听话，懂事，学习成绩也好，哪一样没教育好啊！

结果，孩子回到父母身边还是不适应，又哭着喊着要回来，但是他爸爸妈妈坚决不同意。我儿子那个脾气，动不动就是揍，初一那年，这个孩子没少挨揍。但他就是不想在他爸爸妈妈那里上学，每到周末就赶紧跑回来，要不然就让我们早早地去等着他。

就这样，熬了一年，初二才基本上安顿下来，不再死缠着找我们，我们也慢慢适应了。

谁想到，从初二那一年开始玩游戏，成绩直线下滑。他爸爸妈妈对他学习要求很严，开始的时候，妈妈也打，爸爸也打，他就偷着玩游戏。后来，打也不怕了，个子比他爸爸都高，打不了了。他妈妈不知道又到哪里学家长课，说孩子不能打，要理解他，先和他搞好关系。于是就讲道理，但是再怎么讲道理，也没有用了，经常请假不上学，躲在家里就是为了玩游戏。

从那之后，就越来越不听话，软硬不吃，他们俩也越来越没办法，直到现在，学都不上了。

开始的时候，我去说说，他还听，到后来也不听了。现在这个样子，一家人都没办法，儿子就冲我们吼，说是我们惯的。儿媳妇不说，但管不了他，也整天阴着脸。唉，你说我们受苦受累好好给他教育孩子，竟然落个这。

不让他们带回去，他们不听，非要自己带。他们又不会教育，听那些父母课，鹦鹉学舌管什么用，把孩子弄成这样，还怨我们惯的，你说这可怎么办啊？

老人边说边啜泣，眼睛里满是着急、焦虑，更有懊悔和担心，不时还流露出一些恐惧。看得出，此时的她不仅着急，担心孩子变坏，更担心落埋怨，遭嫌弃，恨不得找个方法马上让孩子变好，那样自己也就好交差了。

醒悟的妈妈

情况就这样了。关于孩子的问题，我提出要和孩子的父母聊一聊。老人很高兴，但又非常不放心地再三嘱咐，她说的这些不要让孩子妈妈知道。我答应这些自然是保密的。老人怏怏地离开，微驼的背影中，流露出无奈、无助和老年人特有的孤独和恐惧。

很快，孩子妈妈来了。一脸愁云，没说几句就开始哭，说自己真不知道该怎么办了，从来没这么无助过。

> 这个孩子现在是软硬不吃，谁的话也不听。现在已不再要求他每天上学了，他能按时起床吃饭，像个正常人一样生活，我们也就满足了。但是现在他晚上不睡，白天不起，天天吃垃圾食品，房间里的外卖盒子一堆一堆的。玩起游戏来没命一样。他玩游戏的时候，你想阻止他没门儿，一阻止，他就嗷嗷地冲你叫，歇斯底里的样子让你害怕，觉得简直就不是自己的孩子，像个仇人一样。
>
> 当初生了孩子自己不带，现在后悔死了，但是后悔也没有用。那些年，同学们可羡慕我们了。他爷爷是政府干部，奶奶是教师，家庭条件好，奶奶又上心替我们带孩子，我们小两口啥都不用做，仍然开心地过我们的二人世界，哪里有好吃的就去吃，哪里有好玩的就去玩儿。那时看到那些自己带孩子的同龄人，累得毫无形象可言，感觉自己真是幸福。
>
> 可是后来，我的同学提醒我，说："你不能把孩子完全交给老人带，这样会惯出好多毛病，更何况，你婆婆公公对孩子这么溺爱。"
>
> 开始的时候，我并没觉得怎么样，但后来我发现这孩子

的确是太娇惯了，吃东西特别挑，穿衣服特别讲究。学了家长课，我知道问题大了，这不，好不容易把他弄回来。但是弄回来之后，说实话，我们也不会带。他爸爸那个脾气，除了打，就是骂。后来，我不让他打了，其实也打不了了，孩子根本不服，也不怕。

他虽然回来了，但我一直感觉非常陌生，他也不亲近我们，更愿意跟爷爷奶奶在一起。现在也不愿意了，说他们老了，嫌他们唠叨。

我现在深深知道孩子受了隔代爱的害。年轻的时候不懂，觉得不用自己带孩子，公公婆婆帮我们带，我们爱怎么玩就怎么玩儿，似乎占了大便宜，现在看来，欠下的债总要还。更要命的是有些债根本就没法还，我宁愿重新生这个孩子，重新养他。但是，说这些有什么用啊！

我的一个同事，他们家也出现了这样的情况，爷爷奶奶和姥姥姥爷轮流来抢孩子，但是比我们好，他们夫妻比较有觉悟，坚决不把孩子交给老人带。惹得老人们不开心，产生了很多矛盾。还有一个同事，夫妻俩天天吵架，因为婆婆和他们俩的教育理念完全不同，妈妈主张严管，婆婆相信树大自直。妈妈一管，婆婆就不高兴，婆婆不高兴，老公就和她吵架。

说着别人相似的经历，她似乎轻松了许多。

在孩子教育上，不能越俎代庖

人的心理就是这样，知道大家都得同一种病，自己的痛苦就会减轻很多。也确实，因为享受了太多的隔代爱，比他们家孩子更惨的也有。

去年，一位爸爸非常无奈地来找我说，儿子上初三，离家出走，半夜到二十四小时店喝酒，赶上一群社会青年打架，鬼使神差地被带到派出所，吓得尿了裤子。

当时，孩子出走还没等家人报警，派出所就来了电话通知接孩子，听到消息，爷爷一着急摔倒了，断了胳膊，奶奶犯了心脏病，住了院。爸爸妈妈吵架，妈妈带着妹妹跑回姥姥家，一家人乱成一团。

关键是找回来的男孩还在家里和爸爸大吵，半句也不听爸爸的，爷爷又使劲护着孙子。

这位爸爸也是实在没有办法，自己的孩子从小没能痛快地教育过，只要一说，老人就护着，说多了，老人就不高兴。因为爷爷奶奶的袒护，他感觉对孩子的教育从来就是有劲使不上，所有的意见都要经过爷爷奶奶的过滤，都要看他们的脸色。而随着年龄增长，他们越来越无原则地爱孩子，想法和自己完全不一样。这位爸爸对儿子管也不是，不管也不是，管吧，惹得老人不高兴；不管吧，眼看儿子越来越不像样。这让他左右为难，痛苦不堪。

祖辈对孩子太过上心，不仅让年轻人为难也会造成两亲家的矛盾。经常听说，姥姥家和奶奶家为了抢着看孩子而闹矛盾；也有的为了跟姥姥家姓还是跟奶奶家姓闹得不可开交；还有的，一方霸占孩子不让另一方见。我的邻居就曾经非常伤心地对我说，自从女儿生了小外甥，快两年了，就回来过两次。每次回来，孩子奶奶都非常不放心，必须亲自跟着，并带着餐具和保姆。

这都是隔代爱造成的麻烦。古圣先贤告诉我们，“养不教，父之过”。从来没听说过，教育孩子是祖辈的责任和义务。这就是自然法则，就是序位，大自然的一切都有其该有的位置，各司其职，才会兴旺发达，所谓“天地位焉，万物育焉”。孩子有了孩子，他们成为父母，就该让他们站到父母的位置上，尽父母的责任和义务，让他们的孩子充分享受到父母的爱而不是祖父母的。

可惜，很多祖辈经常越俎代庖，他们忽视或者根本不懂得“物有本末，事有终始”的自然规律，从而不能“知所先后”，只凭自己满腔热情扑上去，表面是帮助年轻人，实际上一旦不知先后，行为就会越界，那就是帮倒忙。不仅娇惯了自己的孩子（孩子的父母），让他们不懂得承担为人父母的责任，履行为人父母的义务，失去体验为人父母该有的酸甜苦辣的机会，而且不合适的身份造成教育的弊端，会阻碍孩子的健康成长，为他们小家庭日后的相处埋下隐患。

那些在孩子教育上过多插手的老人，除了他们的善心和为孩子任劳任怨的牺牲精神，更多是他们自己的心理需求需要得到满足。

隔代爱是补品，不是主食

隔代爱，作为人类的重要情感，包含的元素太多。老人爱孩子，有对孩子天生的喜欢，这是人性本能的善意，因为太喜欢孩子，就把别人的孩子夺来抚养，这是没控制好自己的私欲。

有对自己养育孩子过失的弥补。这是一种补偿心理，因为自己养孩子的过失，内心充满内疚和后悔，需要用一些纠正的行为来平衡，通常对孙辈的教育表现得一反常态，要么溺爱，要么挑剔。

还有些老人对自己教育孩子盲目自信。总觉得年轻人不会教育孩子，于是干脆取而代之，上文这位老人就是典型的例子。她多次强调“他们不会带孩子”，说“不管怎么说，我当了三十年的教师，积累的经验，教育这么一个孩子我还是很有把握的”。这种认知本身就是刻舟求剑。教育思想、理念、方法的日新月异，不用说隔代的孩子，同一个父母生的老大和老二都不会相同。盲目自信只会造成麻烦。

更多的是，老年人到退休时，会有强烈的失落感，有个孙辈在身边，既支持了儿女工作，也能排遣退休后的失落和孤寂，使自身的人生价值得到体现……

无论出于什么目的，看见的看不见的，甚至连示爱者自己都不知道的原因，只要是爱，一旦表达出来，都会令人感动。但对于孩子的成长来说，隔代爱只能当作调料和补品，而不可作为主食。因为这些爱，无论怎么可歌可泣，与父母的爱都有着本质的不同，天生就不是一种成分，从本质上无法代替父母的爱。如果是父母主动把孩子丢给老人来养，除非不得已，其他都是无知和偷懒的表现，是不可原谅的，也是必然要受到惩罚的。

隔代抚养和照顾也是只有人类才有的行为，所有的动物大抵不知道自己还有祖父母，更不用谈抚养了。抚养照顾孩子本来就是父母的事，尤其是妈妈，妈妈和孩子情感里除了本能的爱，还有对孩子健康成长的责任，而隔代爱里会包含不少的杂质，如果不警惕，甚至会毁掉孩子的人生。

前面谈到的高一男孩，就是受害者，因为妈妈的失职，奶奶的越位，让他从小生活在复杂的爱中。一方面严重脱离妈妈，从小没建立起和妈妈的依恋关系，所以，他的妈妈说“一直感觉非常陌生，他也不亲近我们”。另一方面，奶奶很明显地溺爱孩子，物质极大满足，生活过分照顾，小学阶段还在喂饭；自认为是退休老师，有教育孩子的经验，用老一套教育经验教育孩子，让这个孩子从小生活在爷爷奶奶的骄傲和满足里。

这份骄傲和满足不是因为孩子的优秀，而是因为养育孩子这件事，仅仅是因为他们能够养育这个孩子，他们看到了生命的延续。用他们的话说，“有这根独苗”就已经很满足了，长得又帅气，所以在他们看来，孩子什么都好，有时候犯错误也可以原谅。他们的骄傲更多的是自我价值实现，他们会把满足孩子的要求当作自我价值的体现。

在这样的标准中长大的孩子，再回到父母身边，当然会不适应新的要求和标准。

此外，明显的双重标准让孩子有机可乘。孩子聪明着呢，只要家庭成员之间有不同意见，他们一定会只朝着有利于自己的方向钻。即使长大能判断对错，他们也会毫不犹豫地选择当下对他有利的。久而久之，在孩子这里便没有了对错标准。而长辈们的矛盾冲突，会让他左右摇摆，结果就是学会了投机取巧，而无法判断到底什么是对的，什么是错的。而混乱的是非标准必然导致错误的行为。

小心接受隔代爱

学术界的调查也证明，隔辈人带孩子，成功率不足 30%。某网站对近 1000 个面临隔代教育问题家庭所进行的问卷调查表明：隔代教育弊大于利。由老人带孩子，76% 的家长表示对孩子的生活及安全很放心，但在学习和行为习惯上不放心。虽然有 58% 的家长认为孩子可以学到尊老爱幼、礼貌、谦让、节俭等传统美德，但 95% 的家长认为孩子和老人在一起养成了一些不好的性格或习惯，孩子在家里变得任性娇气、唯我独尊、霸道蛮横、懒惰散漫。其中 57% 的年轻父母同时觉得孩子在外面变得胆小，过于听话，无主见，偏内向。

溺爱孩子容易培养出“温室花朵”，老年人对孩子最容易犯溺爱的错误。随着年龄的增长，人会变得温和、包容、不计较，而对生命的延续更在意。老人对孩子就会更耐心细致，照顾周到。同时身份的不同也会带来心态的不同。

孙辈毕竟不是自己的儿女，中间“隔”一辈。可不要小看这“隔辈”，面对“隔辈人”，一些老年人却往往变了一个人，就连性格、心态都不知不觉地发生了变化。昔日在儿女面前，“威严十足”，谁也不敢冒犯；而今在孙辈面前，往日那种令儿女敬畏的家长架势和威严却荡然无存，个别老年人甚至对孙子孙女“俯首称臣，唯命是从，百依百顺，有求必应”。

其中原因，固然有对孙辈的疼爱，但更多的是怕对孩子管得多了、严了，在孩子的父母那里会落埋怨，因而在孩子的教育上小心翼翼，时刻拿捏一个度，宁可放纵一些，也不愿坚持原则引起矛盾和争执，息事宁人会让他们感觉更安全。这种小心翼翼、无微不至的关爱很容易培养出“温室花朵”！容易让孩子逐渐失去生活自理能力，娇气，适应能力弱，而无条件地满足孩子的要求，更会使孩子形成霸道任性的性格。

隔代教育还有很多弊端，如老年人带孩子，容易限制孩子的活动范围。一是担心孩子受伤。对于许多老年人来说，孙子都是磕不得、碰不得的，一切可能对孩子造成伤害的事物都要隔离开来。再就是老年人精力有限，不像年轻人富有活力，无法带孩子做一些有挑战性或者高难度的运动。这种封闭的环境容易阻隔孩子身心发展，非常不利于孩子的健康成长。孩子正处在探索世界、开发创造力的时期，好的教育应该给足孩子创造锻炼的机会和合适的刺激，而不是保姆式的包养。这种隔代教育培养出的孩子往往缺乏创造力，接受知识慢，反应也不灵敏。

隔代教育还容易使孩子和父母产生感情隔阂。依恋是重要的情感，当孩子和爷爷奶奶长期生活在一起，建立起良好的依恋关系，和父母的情感联系便变得很弱。一旦离开爷爷奶奶，和父母生活在一起，因为情感隔阂便会引发一系列的矛盾。孩子从小在一种规则中长大，要重新制定规则几乎是不可能的，即使后来父母的教育非常得法，前期的错误也不会完全纠正，它们就像擦掉画面却无法清除的杂乱印痕。

所以，在多对一的家庭里，面对来势汹汹的隔代爱，父母应该保持清醒。如果妈妈没有觉察，不加防范，那么这些多余的爱就会成为一种污染，严重影响孩子的身心健康。

好的父母是守护孩子的天使，要随时为孩子的精神家园筑起防护的篱笆。要牢牢记住，孩子当然需要各方面爱的滋养，需要爷爷奶奶的爱，需要姥姥姥爷的爱，但第一位需要的是来自父母的爱。

糟糕的家庭关系是浇灌根部的毒水

父母之间的矛盾永远有各自无比正确的理由，但对孩子来说，只能毫无理由地承担他们争吵的所有后果。

那个高三的女孩，是为考试焦虑来咨询的，全程却基本上在倾诉原生家庭给她带来的恐惧。

女孩的哭诉

她说，离高考还有三个月，自己每到考试就紧张、害怕、失眠、胸闷、出冷汗、心慌、瑟瑟发抖，而且这些症状越来越严重，以至于现在听到有人说“考试”两个字，就会嘴唇发抖，喘不上气，很想找个东西把自己包裹起来。

诉说这些时，她竟然真的蜷缩起来，把外套的拉链使劲往上拉，一直抵住下颌；她的手有些僵硬地缩进袖子，低着头，任由头发垂下来，盖住整张脸。恐惧使她缩成了一团，散发着飕飕的冷气。看上去，她似乎正在一点点地凝固。

我说，把手伸给我。她瑟缩地伸出一只冰凉的小手，纤细，苍白，毫无血色。我用两只手焐住这只小手，像焐住一只受了惊吓的小兔，小心翼翼。我带她做深呼吸，一次，两次…… 慢慢地，她全身放松了，小手也温热起来。

我让她回忆这种恐惧的感觉最早是何时出现的，她沉默了一小会儿，笑了，很苦涩。

我都不记得了，大概从我还没有记忆的时候，就生活在这种恐惧中了吧，反正打从我有记忆，爸爸妈妈就天天吵架。记得上幼儿园的时候，那天爸爸妈妈又吵架，我拼命地哭，爸爸把我一把推进卧室，还把门锁了。我开不了门，只听见外面爸爸在嗷嗷地吼，妈妈撕心裂肺地哭，盘子、碗摔到地上，巨大的破碎声吓得我浑身哆嗦。那时感觉好像整个楼要塌了。我蜷缩在门边，连哭的力气也没有了，浑身发冷，整个人要窒息了。

不知道过了多久，妈妈推开门，看到我躺在地上惊恐地瞪着眼睛，几乎已经喘不上气。她抱起我开始大哭，说：“你怎么了，别吓我。”我脑子里一片空白，感觉什么也不知道了。

爸爸也跑过来，他们看起来都很紧张，那一刻，我成了宇宙的中心。但是，这并没有阻止他们继续吵架。

她不屑地苦笑着。

等我上小学了，一到放学就很紧张，既盼望回家，又害怕回家，非常担心他们又吵架。每次到家门口，总是先趴在门上听听家里面的动静。现在，我最害怕的也是晚自习放学回家，每次在门口听到他们吵，我就一个人躲在楼道里或者地下室。我已经不害怕了，只会不停地流泪。其实我不想哭，我觉得没必要，但就是止不住眼泪。我不知道他们为什么要结婚，他们为什么要生我。我经常想都是我不好，我啥都不是，我不优秀，不大方，不开朗，不漂亮，才让他们天天吵架。我无数次地想，死了算了，死了把命还给他们，他们也不用再吵架，更不用说为了我不离婚，那样也许大家都解脱了。

初二那段时间，我天天想死，各种方法都想好了，想得整夜整夜地睡不着觉。后来我同桌看出来了，问我怎么了，我也不知道为什么就都和他说了。他是一个很热心的大男孩，很善良，很宽厚，对我很好，跟他在一起感觉很踏实，很安全。我什么都和他说，他安慰我，鼓励我，督促我学习。那个学期是我过得最幸福的时光，学习成绩稳在前三名。

说到这里，她笑了，很好看。

可是，上高中后，他去了另一所高中，我伤心了很久。我从小胆小、孤僻，没朋友，他们都说我说话像蚊子哼哼，没人愿意和我做朋友。但是，后来另一个男生对我很好，成了我的新朋友。但老师说我们谈恋爱，便把他调到了最后的座位，我就再也没人倾诉了，经常夜里自己哭。

她似乎在说别人的故事，看起来很轻松。

家庭关系是培育孩子成长的土壤

这是怎样的一个生命啊！我不得不感慨她的顽强。从还是胎儿的时候，就已经处在恐惧之中，惊惧、无助地活着。妈妈的子宫是温暖的，但是对她来说，却并不安全，不知道什么时候，父母吵架妈妈就会受伤，她在妈妈的身体里就待不住了。

这个弱小的生命一开始就在侥幸中存活、长大，来世间之前，她的妈妈就无力保护她，婚姻使得她的家就像是狂风暴雨中的茅草小屋，随时都可能坍塌。

或许爸爸妈妈之间有太多矛盾，但是这个小生命应该是夫妻恩爱的结晶。然而，他们让这个小生命体验到的却只有惊恐、无助和无价值。

她的父母可能从来都没有想过，他们吵架对孩子来说意味着什么。从父母的角度，或许他们就只当作一般的吵架而已。他们会说，柴米油盐过日子，哪个家庭无争吵，哪对夫妻不吵架。是的，很多家庭中，父母经常吵架，有的会回避一下孩子，有的无暇回避，有的满不在乎。这些父母也知道吵架不好，家丑不可外扬，但他们却意识不到问题的严重性，更不知道每次吵架都会像原子弹爆炸一样，制造着核污染，侵蚀着孩子的心灵，对他们的成长造成不可逆转的伤害。

对一个孩子的心理发展来说，父母吵架就是天大的事，年龄越小，影响越大。对一岁前的婴儿，父母吵架相当于天塌地陷，因为此时他们的生命完全依靠父母，离开了父母的抚养，分分钟就会毙命。当父母吵架的时候，他们首先感觉到的就是被抛弃，那是生命中最底层的恐惧——对死亡的恐惧。对于三岁前的幼儿，父母吵架相当于世界大战。他们会感觉到恐慌、紧张、窒息，无处躲藏，同时开始有深深的自责。对他们来说，自我意识刚刚萌发，还不能完全分清楚世界和自己，他们搞不懂灾难到底是谁引发的，他们会觉得一切糟糕都是因为自己。

美国著名的家庭治疗师萨提亚说：“没有大人的帮助，婴儿是无法区分事件本身和其发生的大环境的，也弄不明白这件事是否和自己有关。

“所有发生在婴儿周围的事件，以及他们所看到的行为、听到的声音等都会在他们内心留下烙印，而且对他们来说也都或多或少有些意义。因为不了解事情发生的背景，这些事件就成为导致他们错误判断的根源，也会影响他们后来的行为。”

父母经常吵架的家庭，孩子相当于是呼吸着有毒的空气长大的。这样的家没有温度，更谈不上滋养，角角落落里散发出的都是有毒的霉味。孩子在这样的环境中成长，他们的人格无法健全。就会像这个女孩一样，胆小，孤僻，没有朋友，自我价值感低。不仅如此，这样的环境，还经常会造成孩子的心灵扭曲和心理障碍。这个女孩表现出来的考试紧张焦虑，其实就是由深埋在潜意识里的恐惧而来。因为这种恐惧根植于潜意识，她自己觉察不到，但是，只要生活中有足够的压力或者适合的情景，恐惧就会被激活，以各种方式表现出来。

来自家庭的伤害，就像侵入人体内的病毒，孩子一生都会受到这种毒素造成的扭曲和痛苦的折磨，甚至一生都走不出这个魔咒。如果这些孩子长大后没有觉察，这种伤害还会一代延续一代。真正心理健康、人格健全的人不会伤害别人，只有被伤害者，才会用自己的痛去伤害和折磨别人。他们或许会报复性地伤害他们的亲人，但这种渗透在血液里的悲哀他们并不自知。

一个健康的家庭应该是稳定的三角关系：爸爸爱妈妈，妈妈爱爸爸，爸爸妈妈爱孩子。在这样的家庭中成长起来的孩子，人格健全，身心健康，阳光向上，内心充满了爱，在他们那里，满眼都是世界的美好。而前面的这个小女孩却一直生活在恐惧中，在岌岌可危中求生存已经占用了她绝大多数的生命能量，她已经没有能力看到世界的美好。风来了，她感觉到危险；雨来了，她感觉到恐惧；即使太阳出来了，她也会感觉到这温暖和光让她没处躲藏。

早恋、打架源于不和谐的夫妻关系

父母关系不和，孩子还经常会早恋。

法国教育家卢梭说：“当家庭变成了一个凄凄惨惨的地方，那就需要到别处去寻求快乐了。”成人如此，孩子也如此。

一个年轻的妈妈曾经跟我哭诉，女儿上高三了，却因为谈恋爱被学校勒令回家反省一周。妈妈认为这实在太耽误学习，高考在即，谈恋爱不但浪费时间，更浪费精力。这还不是最重要的，这位妈妈之所以找心理老师，是因为她的女儿经常换男朋友，并且每一个男孩都是那种不学习、爱打架、看起来很酷的类型。这点，让这位妈妈尤其不能接受，用她的话说：“你谈恋爱也就谈了，固定一个像样的男孩也行啊。”

当我问到他们夫妻关系的时候，这位妈妈哭了，说孩子六岁的时候他们就离婚了。离婚之前天天吵架，孩子爸爸是个极度不负责任的人，天天在外面狐朋狗友胡吃海喝，除了早餐，几乎没在家吃过饭。

“我发誓要保护好女儿，不让她轻易靠近男人，等她长大后一定要嫁个有责任心的男人。谁想到，她从初中就谈恋爱，男朋友换了一个又一个，都是看起来极不负责任的浪荡公子，和她爸爸极其神似，这是我不能容忍的主要原因。”

原来，爸爸对女儿还是很疼爱的，但是离婚后，妈妈就不让爸爸见孩子了。对女孩来说，父母离婚是父爱的突然丧失，对父爱的渴望是导致她后来恋爱的主要心理动因。她其实不是在认真地恋爱，只是在弥补父爱的欠缺。所以，不管对方是谁，只要能给到父爱的感觉，她就会扑上去。

关系糟糕的家庭出来的孩子，经常会延续这种不幸。一个男孩大学期间就有无数个女友，并且都有过性关系。当妈妈发现他无心学业的时候，哭着求他不要像他的爸爸，但是男孩说：“从小看够了你们吵架，看够了你数落爸爸的小三们。我不会结婚的，绝对不像爸爸一样无底线。”

儿子怒斥父母的时候，竟然完全没有意识到自己已在重蹈爸爸的覆辙。父母中，孩子越讨厌谁，就越容易活成谁的样子。

还有一个男孩，从派出所回来就被爸爸带到我的咨询室。他被派出所扣留的原因是晚上在街上打群架。爸爸带他来的目的，是想让他改掉动不动就打架的坏毛病，把心用到学习上。当知道他打架导致重伤的时候，我问他害怕吗。他说，怕啥呀，从小被打惯了。爸爸妈妈经常吵架，有时候还动手，自己从小也没少挨打。上初中的时候，爸爸已经打不过自己了，有一次还叫来舅舅和表哥一起打。

“那次真狠，是因为我逃学，在大街上逛，被他们在角落里堵住了。舅舅和表哥用棍子和鞭子打我，我分明看到爸爸远远地站在那里，可是他不管。我就知道他们是一伙的，我豁出去了，最后他们也没打过我。从那以后，我更不怕打架了。其实，只要你拼命了，就没有谁能打过你。

“现在，他们让我上学，我倒是希望他们送我去那个机构。听我的朋友说，那个机构里管教很严，非人性地打和折磨，但我不怕。打就打吧，只要打不死，疼完了就没事了，我也不用上学了。”

看得出这个男孩处理事情的方式就是暴力，打人或者被打，打完了，事就完了。对于上学，也是一样，他宁愿去一个机构挨打，也不愿去上学。

而这一切荒唐的认知都来自家庭中不停的争吵打架。

不要让孩子成为婚姻的牺牲品

要知道，家不仅是孩子汲取营养自我成长的地方，也是孩子学会与人相处的地方，一个人所有的行为方式都来自早期的家庭教养方式。在家庭里，孩子会从和父母相处中学会与人相处，也会从父母相处的模式中学会与人相处的模式。人的幼年存在着一个镜像期，一个能像录像机、录音机一样全盘接受外界事物的时期，接受之后，整合成自己的，形成对他今后的人生影响极大的行为方式。人的思维方式一旦形成了某种范式，他做人做事便都用这种方式去对待。童年形成的范式，对人的一生影响最大。弗洛伊德的精神分析理论也认为，人的行为模式的形成就在生命的头六年。这六年，家给他什么样的环境，他就长成什么样子，并且性格一旦形成，一生不好改变。所以，智慧父母就要维护整个家。

在家庭中，孩子越小，父母的责任越重要，尤其是生命的前三年，父母基本是孩子的整个世界。孩子来到世上，面对的第一个客体就是妈妈的乳房，在婴儿的眼里没有别的任何东西，它和世界是一体的。孩子在与母亲的密切接触之中，逐渐形成了以母亲为代表的客体世界的完整印象，最终形成较为完善的心理功能，直到形成自我。母亲对婴儿的态度，就是世界对婴儿的态度。随着长大，父亲的角色渐渐重要起来。所以，孩子最重要的生命阶段依靠的就是妈妈，当然要由妈妈来保障和维护其良好的成长环境。

一个女人准备生孩子，就应该考虑为孩子创造一个好的环境，不仅是物质保障，更重要的是精神环境。首先就是经营好夫妻关系，搭建一个让孩子健康成长的充满温暖和浓浓爱意的家，一个能让孩子恣意生长的温暖的巢穴。除此之外，其他家庭成员之间也应该有好的相处关系。尤其是婆媳这对人类历史上的天敌，更要好好经营关系。否则，夹在中间难受的不仅是丈夫，还有孩子。

曾经有一个高一的女孩，疑似患了抑郁症，每次来到我的工作室，就哭得泪人一样，说得最多的就是妈妈和奶奶关系不好。因为奶奶，爸爸妈妈经常吵架，爸爸也因此不喜欢舅舅他们。每次周末放假回家，妈妈就扯着自己说这些乱七八糟的事。不听吧，觉得妈妈无处诉苦，也很可怜；听吧，实在烦得要死。他们那些破事，自己根本没有办法参与，更不好站位。

在这个家里，不是因为爸爸妈妈的矛盾带来了伤害，而是妈妈和奶奶的矛盾影响了整个大家庭的关系，然后大家庭关系的不和谐又反作用于小家，而最无辜的受害者则是孩子。

妈妈努力呵护家这个精神家园，一方面是为了孩子的健康成长，另一方面，更是为了自己的幸福。家庭和谐了，你整个人都会流露出幸福的气息，不用任何言辞标榜，人群中一眼可见。

如果跟丈夫之间有些不谐调，也无可厚非。婚姻是一个过程，两个完全不同的人要组成一个完整的单位，是需要双方共同努力的。拿出智慧，努力磨合，坦诚地积极地面对问题，并采取建设性的方法解决问题。至少在过程之中，不应该当着孩子的面吵架，最起码不能让孩子成为两个大人不会经营婚姻的牺牲品。不吵架，更不要冷战，冷战的危害有时候超过吵架。

父母冷战的时候，家里面的空气都是凝固的，虽然没有吵起来打起来，看似没有言语和肢体的伤害，但是消极情绪全都弥漫在空气中。在凝固不动的空气中成长的孩子经常会体验到压抑、悲伤、绝望、紧张和窒息，他们会冷漠、抑郁，不会建立良好的人际关系，身体也常常会长得瘦弱，甚至会出现一些过敏、湿疹、皮肤瘙痒等慢性病。

温馨的家是孩子健康成长的训练场，好妈妈就要精心营造。妈妈是孩子的诺亚方舟，家就是孩子驶向人生目标的海洋，方舟要在大海的承载中到达彼岸。我们能想象小舟在风和日丽的水面上日行千里，何其祥和，何其温暖！我们也能想象，大海常常掀起狂风巨浪，舟中的孩子会何其恐惧和惊慌！

育儿需学习　学习要前置

高尔基曾说过：“爱孩子这是母鸡也会做的事，但要善于教育他们，这就是一件大事了，这需要才能和渊博的生活知识。”

为人父母是需要学习的，而且需要好好学习。

抑郁的玫瑰

一个高二的女生来到我的工作室，咨询中我发现她得了抑郁症，建议她叫父母来聊聊。想不到女孩非常排斥，说自己的父母一点也不懂自己，连自己的死活，他们恐怕也不知道，叫他们来毫无用处，不会有结果的，她想自己的问题自己解决。

但是，最终她还是把父母叫来了。当我建议他们带孩子去医院检查诊断时，她的妈妈立刻反对，说孩子不会有问题，她从小很听话，学习成绩也很好，现在情绪不好是学习压力大的缘故。而且对我的建议非常不屑，认为我是小题大做。说她对自己的孩子非常有数，根本不会有问题，来找心理老师也是孩子自作主张，她根本不知情，孩子不需要什么心理医生的帮助。

她的长篇大论都在证明着她的顽固，但是，出于对孩子负责，当我摆出一些事实告诉她可能的后果时，她有些担心和犹豫了。我坚持我的建议，孩子也非常同意。最后，他们去了北京三家医院，检查的结果都是重度抑郁症。

拿着诊断结果，妈妈哭成泪人，说，不相信自己的孩子会得抑郁症，问我是怎么知道的。她发自内心的悲伤和疑惑，真是让人哭笑不得。

这位妈妈名牌大学毕业，单位中层领导，可是对于养育和教育孩子，感觉她似乎仍然生活在原始社会，对孩子丝毫没有了解，与孩子思想严重脱轨。

女儿已经是严重抑郁症，可她没有一点察觉，固有的认知挡在前面，让她无法看到事实真相，总以为女儿烦躁、爱哭是因为学习压力大。把病态当作常态，任凭痛苦折磨着心爱的女儿却不知道。

像她这样的家长不在少数，固有的认知挡在自己和孩子之间，可以说很多孩子的问题是因为家长的无知造成的。这种现象现在仍在继续着并且一直进行下去，不论有多少孩子为此痛苦，总有家长重蹈他们的覆辙。

一个十五岁的女孩指着自己的亲生父母对我说："他俩死了，我都不会掉一滴眼泪的。"我问她的妈妈，这个孩子从小的教养方式是什么。

妈妈伤心地说："不知道，从来没觉得教育孩子还要讲究方法。我爸爸对我们要求很严，从小就是被打着长大的。他常常对我们说，孩子不打不成器。我们兄妹都很有出息，都考了好大学，也都很听话，很孝顺父母。"

这位妈妈看起来很颓丧。显然，父辈传给她的教育方法失灵了。十五年来，她执着地坚守父母留给自己的教育观念，从来没有读过一本关于育儿的书。今天，面对眼前这个冷漠无情、六亲不认的孩子，她束手无策。

做父母是一门大学问

养孩子不学习，依着本能，按着惯例，顺其自然，是非常不负责任的做法。为人父母，并不是天生就会的，恰恰是应当学习的。做父母，是一门大学问，越是文明发达的人群，关于这方面的认识越清晰。在发达国家，婚前都要进行一项培训，对新郎新娘进行父职母职培训，为他们生孩子做准备，让他们持证上岗。这其实非常容易理解。我们买个电器，使用前，都要小心地研究说明书；养棵花草，也要大量搜集资料，了解其习性，何况是生养孩子！然而本能和习惯常常让我们犯一些愚蠢的错误。

面对孩子——上天赐予的一个全新生命，父母应该给予极高的虔诚和敬意，全心全意呵护其成长，这是保障人类延续的崇高意义，至于那些漠视上天旨意的人，必将因他们的无知和随意酿出独自吞咽的苦酒。

有些年轻女性，她们正沉浸在爱的甜蜜中，在思想上完全没有准备的情况下，便迎来了自己的孩子。这是非常危险的事情。因为家庭结构的突然变化会给爱情的甜蜜带来不少麻烦，在两个目无他人卿卿我我的人之间凭空多了一个嗷嗷待哺的小麻烦，对于一个没有思想准备的妈妈来说，恐怕不易产生爱意，甚至她会把孩子看成是一种累赘，是她甜蜜生活的妨碍，是破坏者。在这种状态下，她们自然很难给孩子提供很好的教育，甚至连好的成长环境都很难保障，常常为了继续自己美好的个人或二人世界，随便把孩子扔给一个可以托付的人来照看。

我们前面说到的那位时尚妈妈就是这样的例子。她要去闯世界，她要回归自己以前的生活，结果孩子出生了，但在她的生活里根本没有孩子的位置，还谈什么教育！

其实，这些女性根本就没有进入妈妈的角色，她们只是生了个孩子而已。所有没有准备的生育都是极不负责任的，是应该被谴责的，这种对生命的不敬畏早晚也会受到惩罚。而要做好妈妈，首先必须在妈妈的角色里，对生命充满敬畏，对新生命充满期待，想做好妈妈。

想当妈妈的女人都具有孩子所需要的母爱，母爱让她们渴望自己的孩子能成为好孩子。但是，根深蒂固的观念却经常成为教育好孩子的拦路虎。

我问过很多问题孩子的妈妈，上过父母课吗？她们统一的回答是：没有。有的甚至不知道什么是父母课，难怪她们在教育中不断出现问题。

她们普遍的认知是，教育孩子算是问题吗？我父母怎么教我的，我就怎么教他。我的父母没有学习，我们兄弟姐妹不也都长得好好的吗？意思是，教育孩子的本领是人类与生俱来的，所以不需要学习。

这样的观念大有市场，不仅在知识贫乏的人群之中，甚至在一些高知家庭中也不乏其人。

一位博士妈妈被初二的女儿整得苦不堪言，在朋友的强烈建议下，只好求助。她说，女儿学习毫无动力，老师说她上课要么神游，要么打盹，下课就来了精神。这样充其量考不上好大学，但让人揪心的是她结交一些不学习的孩子，在一起偷偷抽烟，描眉画眼，谈恋爱。

她说，自己对女儿从小管得很严，小学的时候女儿很听话，让她干啥就干啥，没想到上了初中结交一些不良朋友，再也不听话了，天天关着房门不让进，说急了就离家出走，出去和那些乱七八糟的朋友在一起。还动不动割腕，胳膊上划得一道道的疤。现在对她说话都小心翼翼，唯恐哪句说错了。但是天天哄着也不是办法，愁死人了。朋友建议听家长课，学习教育孩子的方法，以前自己从不以为意，甚至觉得很好笑。心想教育自己的孩子还用别人指导，自己最清楚自己的孩子，专家说的情况根本与自己无关。现在看来，不学习真的不懂孩子，没有方法真的教育不好孩子。更可怕的是发现以前那么好用的控制的方法居然是错的，孩子不反抗是因为小，所有压制的力量都攒着呢，一旦反抗就不好收拾了。

她边说边流泪，看得出她的伤心、后悔、焦虑、彷徨和无奈。

这样的例子不胜枚举。不读书，不学习，凭着惯性和想当然教育孩子，等到孩子青春期，逆反了，才发现自己束手无策。即使这时候，仍然有很多人会觉得是孩子出了问题，很少从自己的教育方法上找原因。他们来寻求帮助，一般是想拿到一个立竿见影的方法，快速改变孩子。其实，出问题的孩子就好像一件织坏的毛衣，具体错在哪里不是一眼就能看到，更无法一下改过来。

跳出“二八定律”，当好父母

即使有那么多孩子出问题，也唤不醒那些自以为是的父母。你会发现学校开展普及家庭教育知识讲座，真正自觉愿意学习的不到 20%，其他多数家长来，不过是完成学校的任务，而那些孩子有问题的家长一般是不会来的。

疫情居家，亲子关系紧张表现得非常明显。曾经有一个问卷调查，其中一个题目是：您认为家庭教育需要专业知识和专业老师指导吗？结果在收取的有效问卷中，只有 31.66% 的家长认为需要，还有近三分之一的家长直接没答卷。统计起来，认为家庭教育需要专业指导的家长也只有不到 20%。

这让我想到了二八定律。“二八定律”又叫“帕累托法则”。

1906 年意大利经济学家维尔弗雷多・帕累托提出了著名的关于意大利社会财富分配的研究结论：20%的人口掌握了 80%的社会财富。这个结论对大多数国家的社会财富分配情况都成立。罗马尼亚管理学家约瑟夫・朱兰博士认为，在任何情况下，事物的主要结果只取决于一小部分因素。

这个思想经常被应用到不同的领域，经过大量的试验检验后，被证明其在大部分情况下，都是正确的。人们还发现生活中存在许多现象符合这一定律，二八定律成了这种关系的简称。

这个定律，有人的地方都适用。也可以理解为，人群就是二八分，优秀的人不过 20%，80% 是普通人。

而教育是面向全体孩子的，经验和好的方法是从全体孩子的成长和犯错中总结提炼出来的。可悲的是，从绝大多数人身上总结出的教育精华，只有少数优秀的人能够吸收，而大多数普通人却置若罔闻。这就是为什么有些家庭培养的孩子个个优秀，而有些家庭只出问题孩子。难道如梭罗在《瓦尔登湖》中说的“一个阶级的奢侈全靠另一个阶级的贫苦来维持”吗？

英国有位导演拍了一部伟大的纪录片叫《人生七年》，花了五十六年的时间记录了十四个小孩的一生经历，结论是：富人的孩子依然是富人，而穷人的孩子依然是穷人。其根本原因就是父母的素质不同，导致了他们接受的教育不同，成长的环境不同。

优秀的孩子，他们的父母是清醒的 20%，因为他们父母的清醒，他们就有了变得优秀的条件，也必将会成为将来社会的 20%。

而懂得学习的好妈妈属于 20% 的那一部分。这样的妈妈会用全部身心迎接自己的孩子，在孩子到来之前，她们便通过学习，做好了准备。

还在准备结婚的时候，她们的目光就会被别人家的婴儿吸引住；走进商场，可爱的童装和宝宝用品会让她两眼放光；她们会饶有兴趣地去倾听一个妈妈和宝宝的对话，会弯下腰来帮一个孩童捡起掉了的玩具……这都是在学习，学习和孩子相处，学习当一个好妈妈。如此，日积月累地用心，当她的孩子降临的时候，她便不会仓皇，无论发生什么，都能从容地、熟练地应对，她们的学习总是在孩子成长之前，是前置于教育孩子需要的。

与此相反，还有一种类型的妈妈，等孩子出问题了才想起找老师学习，寻求改变的方法。

曾经有一个初二女孩的妈妈，因为女儿有两个月不上学前来咨询。和她聊的过程中，发现她满口专业术语。我说该调整一下教育方式了，她说：“我知道孩子的问题其实就是父母的问题。”

“孩子是父母的复印件，要想改变孩子就要先改变原件——父母。”

“不让孩子输在起跑线上，就要父母自我成长。”

“我也认识到我是控制型父母，为了孩子好，应该改变，向民主型父母学习。”

我愣了！如果这是家庭教育知识答辩的话，我相信，她会是全场最靓的仔。

我问她学过多少父母课，她说：“两年花了十几万了。听说有用的课程就去学。”

“学了这么多课，你觉得用处是什么呢？”

“说实在的，感觉用不上。孩子参加领袖营的那些活动，开始还很高兴，但只高兴那么几天，就又回到原样了。发起疯来很吓人，还动不动割腕……所以，现在不去上学，也拿她没办法。”

“孩子没有停学之前，你学过教育孩子的相关知识吗？”

“这个孩子上初中开始叛逆，之前非常听话，非常乖，学习成绩也很好。那时候，邻居都夸她，羡慕我教育得好，我也觉得教育得很好。后来学了父母课才知道，其实自己根本不懂孩子，只是按着我的父母留下的老一套，强压住了，她不敢反。没想到青春期自我意识强了，一下子反了，简直就不是原来那个孩子了。”

她的解释看起来很专业，但是理论是一回事，实践又是另一回事。

很多父母学习育儿知识之后，理论一套一套的，但实际和理论却南辕北辙，用他们的话说，道理是知道，但就是用不到孩子身上。

像这样的妈妈非常多。面对问题，她们恨不得老师给一个办法，立刻扭转她们因教育失误造成的问题。她们通常会说：我知道孩子的问题是父母的问题，我们要好好改变，但是，能不能让孩子先有变化，先去上学，我们再慢慢改变。她们不是学习怎样做一个好妈妈，而是在苦苦寻找解决问题的方法，不是强身健体而是头痛医头。

好父母一定会阅读和思考

教育孩子的知识是不能现学现卖的，临时抱佛脚不管用。教育方式一旦错误，导致问题出现了，那就冰冻三尺，非一日之寒。有句古话：病来如山倒，病去如抽丝。这由不得父母着急。

父母的学习和孩子的成长应该是前后的关系，学习应该是前置的，不能滞后于孩子的成长发展。如果孩子三岁的时候，你觉得他淘气，用严厉的办法吓唬孩子，不让他淘气。等他六岁了，你通过学习，突然知道三岁左右是孩子第一个叛逆期，在这期间，应该尽量满足孩子“自我”迅猛发展的需要，可是，已经晚了。成长不等待，而且它有严格的节律，如同错过了春季就无法再播种。

孩子一岁之前有个口欲期，什么东西都喜欢往嘴里塞，学习了育儿知识的父母非常清楚，要满足孩子的欲求才能很好地进入下一阶段的成长。很多没有得到合理看护的孩子，后来人格上出现障碍，比如超级吝啬、疯狂抽烟等，通常与口欲期没有得到合理满足有直接关系。如果妈妈早学习早知道了这一点，就不会把讲卫生看作第一位，强行阻止孩子往嘴里塞任何东西。

年轻的妈妈，从有当妈妈的打算开始，就应该读一读如何做母亲的书，读一读文学、历史、哲学著作中有关母亲的描写和论述，以便对母亲这个神圣的身份有清晰的认识，从而顺利实现从女孩到母亲的角色转换，并对这一转换充满敬畏和憧憬。

拿破仑的那句名言“推动民族的手就是摇动摇篮的手”，赫然印在王东华的著作《发现母亲》的封面上，让人沉甸甸地感受到母亲的伟大。特别不可错过的是卢梭的《爱弥儿》，这是一部伟大的教育巨著，值得妈妈们反复阅读。也许读完，当你面对自己孩子的时候，就知道如何培养一个伟大的灵魂了。

名著中伟大母亲的形象也都是学习的榜样。在莎士比亚的《罗密欧与朱丽叶》一书中，我们可以看到，当妈妈发现朱丽叶因为思念罗米欧把自己关在屋里不思饮食的时候，说：适当的悲哀可以表示感情的深切，过度的伤心却可以证明智慧的欠缺。多么智慧的母亲！不用过多的言语，只一句话，轻轻敲打在心灵上，就足以让人顿悟，这较之于反反复复的唠叨，其效果可能是家长更希望看到的。

还有一个不错的方式就是读人物传记，在读伟大人物的传记时，可以关注一下伟大人物的母亲。我们常说，伟人的背后都站着一位伟大的母亲，此言不虚。正是她们，用行动诠释着什么是真正的母爱。在这方面，五四新文化运动的领袖之一胡适写的《我的母亲》非常值得品味。

当年轻妈妈打算要孕育宝宝的时候，还要注意阅读一些心理学的书籍，在这方面，最好读一读《发展心理学》。《发展心理学》就好像是孩子成长的说明书，从胎儿期一直到老年到死亡，它会告诉你每个时期的心理特点和身体发育特点，从中你会了解孩子身体和心理的所有发展情况，以及孩子在成长中与社会交往的情况。

你会知道，孩子一岁的时候，大脑、肌肉、骨骼的发育情况，言语和思维的发展情况，以及孩子与母亲的依恋关系。你也会知道，孩子十一二岁的时候，女孩开始月经初潮，男孩长喉结变声等，随着身体的变化，心理也发生变化，慢慢他们开始对异性产生好感。

你还会了解到有些孩子学东西喜欢盯着看，有些孩子喜欢重复听，有些孩子动来动去坐不住，是因为他们学习的方式不同，有视觉型、听觉型和体觉型的差别。对于非心理学专业的人，这本书可能会让你感到枯燥，那就尽管把它当作词典来看好了，在做母亲之前先通过这本书了解一下孩子的特点，随着孩子成长，随时查阅，当你在养育过程中遇到问题的时候便能做出正确清晰的判断。

关于小家庭的建设以及孩子在家庭中的成长，这里重点推荐美国心理学家、家庭治疗大师萨提亚的《新家庭如何塑造人》。顾名思义，这本书主要介绍新家庭的构建以及家庭对孩子成长的作用和重要意义。由于十分贴近中国传统文化精神，对于我们来说，接受起来也就比较容易，可以认真研读。

这里还要特别指出的是，好妈妈的学习应当是“学”和“习”的结合，而且重在习，是在不断地习——实践中让知识充分内化，变成自己的精髓，然后从骨子里流淌出来滋养到孩子，而不是面对孩子的问题无法应对时，就到所谓专家那里生搬硬套些名词术语，贴标签一样用在自己孩子身上，这无疑是割了别人的肉往自己身上贴，当然徒劳无益。

所谓教育方法学习多了，自己就乱了，面对孩子出现的问题反而无所适从，就会到所学的知识里寻求办法，最后的结果是自己有一大堆的办法，每个办法看起来都是那么高效，如同你有一筐珍珠，每一颗都璀璨夺目，但是遇到问题仍然束手无策。这就是学习的知识没有形成自己的智慧，方法学到再多，但是不会用。因此，真正的学习还是在自身，修炼好自身，懂得孩子成长的基本规律，以不变应万变，方法自然生成。佛学说“法本无法”，就是这个道理。

最后我们还要知道，孩子是时代的产物，只能在与其相应的时代里养育，老方法自然无法教育新孩子。孩子们的思想太新潮了，有种夸张的说法，三年一个代沟。所以，父母更要认真学习，只有认真学习，才能跨越和孩子之间的代沟，跟上孩子成长的步伐。

第二章

爱的距离

学会和孩子分离

这世间所有的爱都指向团聚，唯有父母对子女的爱指向别离，所谓父母子女，不过是一次美丽的遇见，一场盛大的离别。

——佚名

与妈妈的七次分离

一个人从出生到成熟，和妈妈要经过七次分离，也就是生命的七个节点。这是生命成长的基本规律，在这个过程中，任何一个节点的缺位都会对人的一生造成负面的影响。

第一次是分娩。胎儿离开母体，完成和妈妈肉体上的分离，由脐带营养过渡到母乳营养，身体的完全连接变成通过妈妈的乳房的半连接状态。婴儿不仅作为一个肉身开始独立于世，和妈妈的连接也由实线变成虚线。

第二次是断乳。婴儿和母体在形式上实现完全分离，离开妈妈的营养供给，向世界觅食。他不再只是眼睛盯着妈妈，而是转身看向外面的世界，他已经可以作为一独立的个体单独存活下去。

第三次是分房。身体走出妈妈的安全区，进一步离开妈妈的世界，开始建立自己的王国，扩大自己独立的生存空间。

第四次是入学（从上幼儿园开始）。走出家的围墙，踏上社会的大地，从家庭向社会，开始他的社会化过程，慢慢向独立意义上的社会人过渡。

第五次是上大学。进一步离开家，离开妈妈的餐桌，像离开巢穴的鸟儿，开始练习展翅飞翔，但不论怎么飞，倦鸟仍归巢，家仍然是他依赖的强大后盾。

第六次是就业。离开家庭，离开妈妈，成为一个完整的独立的社会人，融入社会，养活自己。

第七次是结婚。找到自己的另一半，建立起新的家庭。

至此，生命成熟、圆满，像蝉蜕一样，家庭和妈妈作为身上的壳，彻底剥落，人生开始新的循环。

这七次分离，或悄无声息，或轰轰烈烈，每个家庭的教育方式不同，分离感的体验也完全不同，但最终是要达到离开，否则，生命无法独立圆满。

妈妈和孩子的关系，用两个圆来表示的话，如下图：

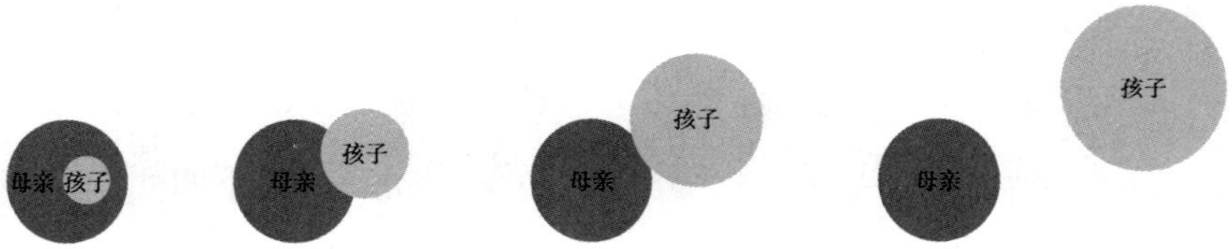

妈妈和孩子是两个本来就独立的圆，在生命的不同阶段，表现出不同的关系状态，从包含，到相交，到相切，直到分离，到最后，只有远远的守望。

“守望”是文学名著《麦田里的守望者》为人类，特别是为教育贡献的一个宝贵的理念。父母对孩子能做到平静的守望是一种至高的境界，就像《麦田里的守望者》中的主人公霍尔顿的理想那样，尊重孩子们的天性，不胡乱干预，不强加干涉，只做默默的守望者和保护者。这才是真正的爱，真正好的教育姿态。这其实是在教妈妈懂分离，会分离，能分离。

像鸡一样的雄鹰

母子分离本来是自然而然的事情，随着生命的逐渐成熟，就会自然地发生，就像种子成熟落入大地，蒲公英长大飞向天涯。

但是，这些看起来如此简单的事情，很多妈妈却一生都不能完成。

她是两个孩子的妈妈，儿子八岁，女儿三岁。她来找我，是因为自己快要抑郁了。

她往沙发上一坐，还没开口，眼泪就夺眶而出，接过我递的纸巾，羞赧地说“不好意思”；结果不说还好，一张口却泣不成声，压抑和委屈随着整个身体震颤。

哭了好大一会儿，终于平静下来。她说：“日子简直没法过了。儿子不好好学习，上课坐不住，天天被老师叫家长。女儿也天天哭闹，只要不顺她的意，怎么也不行。单位又特别忙，每天累得像狗一样，回到家，还得和他们斗智斗勇。我都快要疯了。经常想，还不如死了算了，可是，我死了他们怎么办？想来想去，我竟然连死的权利都没有。”

说到这里，她停住了，不停地擦泪。

“我能帮你什么呢？你想要先解决哪个问题？”我轻轻地问。

“这些都不要紧，都不是让我最难受的。”她叹了口气。

“最让我难受的是我婆婆，现在一提到她，我就紧张，就感觉喘不过气来，有时候还打哆嗦。”

“你是说你怕你婆婆？”

“不是怕，是紧张，也好像是害怕，一种说不出来的感觉。”

她对我们很好，大人孩子都很好。但是，那种好，我实在受不了。好不容易我们小家庭出去单独住，总算松了一口气，舒服了很多。但是，这还不到一年，最近儿子不好好学习，她知道了，就非要我们一家人搬回去住，理由就是我和她儿子不会照顾孩子，说我们自己都顾不过来。为这事，我们夫妻俩吵了三天了。我坚决不回去，他说不回去不行，不能让他妈生气。我简直快要疯了。

她说这些的时候，看上去的确很紧张，有点发冷的感觉。

一想起她来，我就紧张，感觉她就像一个影子，随时都会出现在身边。刚结婚的时候，早上醒来，看到扔在地上的衣服整整齐齐地挂起来了，问老公，他说他没醒。连着三天，我很纳闷。有一天，一睁眼，看到一杯蜂蜜水放在床头，我一下子坐了起来，终于明白了，我们睡着的时候，婆婆进来了。我的脸一下红了，心扑通扑通地跳。从那以后，衣服从来不敢乱扔，内衣内裤都藏到衣柜深处。

和老公说他妈偷偷进卧室了，他竟然说，这很正常，他妈担心他蹬了被子，晚上经常过来给他掖被角。我说呢，两个人很放松地胡乱睡着了，早上被子反而更整齐了。我一下子紧张起来，原来，我们睡觉的时候，她竟然经常进来看。天呐！我突然感觉被扒得精光，无处躲藏，既害羞，又害怕，又紧张。我强烈反对，让老公委婉地和她说说，别进我们屋了。而她，竟然生气了，说我老公从小没有一天睡觉不蹬被子，要是她不管，早就感冒不知道多少回了。

我要把门反锁，老公不让，说那样太伤她的心了。从那以后，我就经常睡不熟，有时候吓醒。好几次，看到她进来，像个幽灵一样，蹑手蹑脚，我只好装作睡着了，一动也不敢动。

第二天很不精神，她却非常平静地说，我看你昨晚睡得很香，不是不舒服吧，然后就给我做各种吃的。

吃饭被照顾，我也是嫁到他们家才见到。老公几乎没自己拿过筷子，每次都是坐下来就吃。鸡蛋都是剥好皮的，菜都是婆婆夹的就吃不完，剩到碗里，婆婆再吃。我很看不惯，让老公自己来，婆婆说他习惯了，不给他弄好他就懒得吃。我无语。

所有的衣服都是婆婆给他洗，包括内裤。有一次婆婆当着我的面，从我们卧室拿起他换下的内裤就走。我简直受不了了，偷偷冲老公发脾气。可是有什么用，老公觉得很正常，并且啥都听他妈的，他妈说啥就是啥，让他干啥就干啥，完全就是一个没长大的孩子。

我们的新房一直闲着。我要求出去住，他坚决不同意，说自己不会做饭，不会整理东西。他什么家务也不想做一点，就是个永远离不开妈妈的孩子。

一年前，好不容易争取自己住了，现在又这样。

我嫁给一个男人，没想到他不是独立的一个人，是一个还没断奶，也永远不会断奶的孩子。他的人生永远和他妈连在一起，感觉怎么也分不开。那我算啥？和他过日子，还完全活在他妈的阴影里。现在，我的两个孩子也被照顾得完全不想自立。如果时时有人往嘴里喂，谁愿意自己找食吃。

她说着，稍稍平静了一些。她白净的脸庞，双眉紧蹙，娇嫩的双手，不停地揉搓，浑身充满了焦虑、无奈和忧伤。

我非常理解她的感受，也很同情她的处境，她结婚了，但没有自己的家。这样的例子，我见得多了，而发展到这种程度，必将是个悲剧，终将有人为这个局面买单。

就在她来之前，另一个妈妈也是为了初中的儿子不上学前来咨询，说到夫妻关系，竟泣不成声，直接说要离婚。

如果不是为了儿子，早就离了，或者说本来就不该生这个孩子。因为老公就是个长不大的孩子，啥都是他妈说了算，有个事，他第一反应就是问问他妈。

为了不让儿子像他爸爸，我坚决要求和婆婆分开住。从那以后，我们夫妻就天天吵架，感觉只要离开他妈，他就天天找事儿，后来就没理由地吵架。他自己搬到他妈那里住，我和儿子坚决不回去。过些时候，他会搬回来，但没几天，就又吵架搬回去，就是离不开他妈。

让他和他妈过吧。儿子考上高中，我们就离婚，本来想等儿子考上大学再离，但是，我实在受够了。

上述两个家庭的结局虽然不太一样，但是起因却是相同的，都是因为妈妈没有和儿子很好地分离，直到儿子结婚之后，仍然在儿子的世界里占有绝对地位。这样的儿子，只是被养大，并未成人，不能算是一个独立的人。因为作为丈夫，他无法跟自己的妻子完全融合为一个整体，完成生命的圆满和新的循环。

妻子找到的也不是自己的另一半，而是一个没长大的孩子。夫妻本该是单纯的二人世界，生活中老公却始终拖着一个妈。作为妻子，势必抗争，争取自己本来该得到的独立的男人，与之比翼齐飞。但是这种和母亲连在一起的孩子，已经完全失去了和母亲分离的能力。他们就像被老母鸡养大的鹰，熟悉的是鸡的生活，习惯了在地上啄米吃，早就退化了，根本不知道自己有飞的能力。

成功的分离是母爱伟大的组成部分

不能分离，看起来似乎是孩子离不开妈妈，但其实，问题的核心远不是这样，造成这种结果的根本原因，是妈妈离不开自己的孩子。

对孩子来说，起初的每次分离都是被动的，没有妈妈的精心陪伴，就可能会伴随着痛苦。像有些孩子该断奶时缠着妈妈不放，拒绝吃其他食物，断不了奶。有些孩子入托时大哭大闹，每天在幼儿园门口拽着妈妈不让离开，好长时间不能顺利入托。有些中学生家离学校远，需要住校，但是离不开家，住不了校，经常见离家三四十里远的高中生不住校，每天早晚自习父母开车接送。所以说，小孩子并不想分离，孩子越小越依恋妈妈，越不想和妈妈分离。但是，妈妈应该非常清楚，世上所有的爱都是为了相聚，只有母子之间的爱，是为了分离，成功的分离是母爱伟大的组成部分，这必须要由妈妈来促成。

很多妈妈不能胜任，她们始终把孩子窝在自己的翅膀底下，担心这，害怕那，表面上是为了孩子，实质是在填补自己内心的不安全感，是在满足自己被需要的价值感。

很多女人生了孩子以后，便再也离不开孩子，成为孩奴，她们和别人的关系，和社会的关系，和世界的关系都要通过孩子来完成，她们从此躲到孩子的背后，借由孩子才可以直立和被平视。

每年高考都会发生一类故事，从中可以清楚地看到什么样的妈妈离不开孩子。

她是一个爱心满满的妈妈，对女儿非常疼爱。女儿上学，每一个老师，她都非常熟悉，都会无数次联系，询问孩子的情况，并请老师多多关照。

高考前，她不想让女儿住校了，说学校条件差，要在考场旁边租个房间，自己陪女儿住。她征求我的意见，基于常识，我当然不会同意，但她非常恳切。我让她征求孩子的意见，她的女儿也不同意，因为她不想离开同学和学校。劝说她打消这个念头，还真不容易，但最后她总算答应了。

可是，第二天，也就是考前一天，她又要来学校看女儿。她女儿仍然不同意见面，说自己在复习，没时间见她，又一次劝她打消这个念头。但连着两天，她还是非要来看孩子，说再不让来就疯了。“孩子高考，我请假没上班，但在家里，实在坐不住，书看不下去，电视听不得，有动静就心烦，睡不着觉，吃不下饭，每天只能起来坐下，绕着沙发转圈。”

高考的第二天，没有经过女儿同意，她还是来了。当时，她的女儿正在排队，非常紧张地准备进入考场，一看到妈妈，便跑过去，和妈妈抱头痛哭，情绪完全失控。因为前一天数学考题很难，孩子们都感觉考砸了，好不容易调整到现在，憋着劲儿要迎战下一场。想不到妈妈半路来了，那谁还能绷得住！结果可想而知，下一场考试在糟糕的情绪中仓皇而过，两科发挥都极其不理想，最终擦边上了个本科。

孩子本来好好的，可是看不到孩子，妈妈受不了。你就能感觉到，她内心的焦躁就像猫爪挠心一样，使得她必须迈出下一步。那一刻，她的做法对孩子所有好坏的影响，她都知道，但又都在潜意识里毫无痕迹地被屏蔽掉，只有一种无限焦虑的力量撕扯着她，让她必须见到孩子。结果抚平了自己内心的骚动，却给孩子帮了大大的倒忙。

学会和孩子分离，并不是每个妈妈都能够做到的。实际情况是，在任何一个需要分离的节点上，我们都能看到离不开孩子的妈妈。

邻居家的儿媳妇最近和婆婆闹别扭，因为婆婆要求给两岁的孙子断奶，妈妈死活不干，说孩子还小，奶水还能吃。结果弄得孩子只想吃那一点母乳，却不肯好好吃饭，长得很瘦小。一家人谁说也不听，为这事，婆媳闹矛盾。

这也是一个离不开孩子的妈妈，孩子都两岁了，还不断奶。孩子小，还不懂事，而妈妈是不会不懂儿童营养知识和儿童成长规律的。她心里肯定也知道该断奶了，但知道归知道，那是道理，做到却是另一回事。这是妈妈的心理依赖所致。

还经常听说有的妈妈给孩子断奶，断了两天，看到孩子没事一样，便非常失落，于是又开始挑逗孩子。孩子刚刚忘掉吃奶，结果一看到奶，立刻饿狼扑食一样，再也不轻易放开了，最终搞得孩子总是断不了奶。

这就是典型的妈妈抱着孩子不放，是妈妈离不开孩子。用她们的话来说，是“不舍得”“不忍心”。其实，这只是表象，说到底，是她们内心被需要的价值需求在强烈地控制着她们。

该分离时一定要分离

在需要和孩子分离的节点上不分离，会导致严重的后果。

有个职高二年级的男生，患上了偷窥癖，经常去女厕所和女宿舍附近偷窥。在做心理咨询的过程中，才知道这个男孩虽然已经十六岁了，还和妈妈在一起睡，没有分床。爸爸因此非常生气，说从他三岁就让妈妈和他分床，可是妈妈不同意，说不搂着孩子，自己睡不好，孩子也睡不好。七八岁时，妈妈觉得也应该分床了，但是，孩子坚决不分了。让他自己一个房间睡，他就说害怕，跑到妈妈房间赖着，就是不走。妈妈也就半推半就，由着他一直赖到现在。

孩子从十一二岁进入青少年期，这个时期一个巨大的变化就是性的发育和成熟。青少年从童年的中性状态进入到两性分化的状态，生殖系统开始发育成熟。男性首次遗精的时间一般发生在十二至十八岁。

由于性的成熟，青少年对异性产生了好奇和兴趣，萌发了与性相关的一些新的情绪体验，滋生了对性的渴望，但又不能公开表达这种愿望和情绪，所以就会感觉到一种强烈的冲击和压抑。这个时期，如果父母在性方面不注意科学引导，或者粗心大意让孩子看到一些不该看到的，对他们的心理健康就会形成非常大的危害。男孩如此，女孩同样如此。

一个高二的女孩，因为社交恐惧过来咨询，说自己非常害怕和男生打交道，感觉他们都非常恶心。有经验的咨询师一听，就知道这里面是有问题的。经过挖掘，这个女生说，初二以前，她一直和爸爸妈妈一起睡，有一天晚上，她被蹬了一下突然睁开眼，看到爸爸趴在妈妈身上大喘气，她吓了一跳。但是爸爸迅速滚过来说，他要拿东西。那一刻，她突然觉得爸爸的脸很狰狞、很恶心。

这两个孩子，都是因为家长不懂分离，在他们成长发育的过程中，母亲没有起到好的作用。这些妈妈可能觉得分房是个小事，长大自然就分开了。有个妈妈就曾经说过，孩子在家也待不了几年，上了大学就走了，一起睡就一起吧，不用分开。她们并不懂得，孩子长大了，本身对性就特别好奇，身体内激素的分泌会让他们产生强烈的冲动，在这个节点上，如果不进行适当的性教育，会在孩子成人后引发性心理障碍、性扭曲、性功能障碍等问题，严重的甚至会在无意中走向犯罪。真到那时候，一切都晚了。

妈妈离不开孩子的情况非常多，但是造成恶劣影响的就不能忽视了。很多妈妈意识不到这种危险，总在一而再再而三的所谓“不忍心”“不舍得”中，错过每一个该分离的节点，从而让孩子失去了独立的能力。孩子独立能力已经丧失，或者出现了心理问题，她们仍然浑然不知，还自我感觉良好地陶醉在母爱的伟大无私之中，心甘情愿地为孩子无限付出，牺牲自己的一切为了孩子。

她们的付出和牺牲精神的确令人感动，但是，不是所有的燃烧都有价值。该分离的时候，不会和孩子分离，这样的妈妈，注定要受到惩罚。因为，过程可能云淡风轻，但结局一定是孩子成长的悲剧。

人都是独立的个体，最终要走向自己的世界，作为父母，任务就是把孩子养大成人，这是义务，也是人类繁殖的天性使然。照顾和分离，都是父母应该完成的任务。小时候应该给他无微不至的照顾，长大后应该远远地守望，人类便如此一代代延续。

懂分离才是好父母。

你的儿女其实不是你的

2020 年，美丽的海滨城市青岛，一个十五岁的女孩，以给妈妈按摩为由，从身后用丝巾缠住妈妈的脖颈，勒死了当律师的妈妈。

一时舆论哗然，多数人都在感慨，这个孩子怎么会如此没有人性，竟然对自己的亲生妈妈下狠手。更多的人惊诧之余，想立刻知道"为什么"——孩子为什么会杀死妈妈？

小女孩的悲凉

人们强烈的好奇心，是可以理解的，因为他们从来没有从心理咨询师的视角看孩子。事发以后，所有人都去同情这个死去的妈妈，几乎没有人再去考虑这个女孩的感受，她被抛掷到道德的十字架上，对她，人们有的只是指责、痛斥。在理性面前，人们不会顾及她的感受，不会考虑她的情感，她已经不能作为一个孩子存在，而仅仅是一个被道义谴责的罪犯。

每每听到有这等悲剧发生，心情总是非常沉重而且复杂。一边是叽叽喳喳吃瓜群众的"为什么"；一边是全身心扑在孩子身上，却被孩子亲手杀死的妈妈；还有一边是从此被抛进无底深渊的孩子。法律自然会秉持铁面无私的公道，一切按着人们制定的规则处理。被忽略的往往是孩子的心理。也许人们认为，她不值得被关心，被同情，经历什么样的恐惧和痛苦都是她罪有应得。但是，那个"为什么"呢？难道处罚完这个孩子，安葬了她的妈妈，那个"为什么"也就随之消失了吗？也许，人世间还有无数拿着丝巾等着勒死妈妈的孩子！

这个女孩上初二，第一次见面她就说：“我想杀了她（指的是她妈妈），想趁她不小心，把她推进河里，把她的尸体喂鱼。”

说这话的时候，她使劲儿皱着眉头，说到最后，又得意地翘起嘴角，似乎她已经成功了。

如果是个小孩子，说出这话，我们会觉得好笑。但是她已经十四岁了，怎么会说出这样的话呢？而且看起来不是说说而已，她是认真的。

说完，她哭了，很大声地哭。

“为什么，为什么她会这样对我，不论我做什么事，在她眼里都是不好的，她从来没有满意过，总能挑出一堆毛病。我从小做每一件事都小心翼翼，看着她的脸色，可是她就是不满意，说我懒，说我脏，嫌我不收拾房间，说我不像她的孩子。不像就不像吧，为什么还非要生我。每一件事必须要按照她的标准做，稍有点不同就大吼大叫。我知道她是单位的领导、女强人、女领袖、女霸道，了不起啊，生个孩子就是为了折磨的吗？”

她边哭边说，还不停地用手抹眼泪，递给她纸巾，如同没看见。胖胖的小手，在脸上翻来覆去地擦着。她模样很可爱，白白的肌肤，细腻如雪，微微透着一点红晕；皓齿红唇，一双大眼睛，忽闪忽闪的睫毛似乎也在帮着说话，蒜头小鼻时不时地抽抽嗒嗒，一副让人怜惜的俏模样。

再递一张纸巾给她，问：“是因为妈妈对你管得太紧，你感觉很不舒服，还是别的什么让你难受？”

“岂止是管得紧，她就是把我当作她的私有财产，当作她的一个东西，或者她的宠物猫、宠物狗。其实，我连她的宠物也不如，它们还可以不听话，我不行。”她哭得更伤心了。

她想让我怎么样就得怎么样，我一点自由也没有，吃什么穿什么都是她说了算，连几点刷牙，用哪个牙刷，也必须听她的。小的时候，只有学习她不管，因为我都是第一名，现在学习她也管，怕我保不住前三名。周末给我报一对一，我完成作业了，还让我做她找来的试卷。每到考试前，她就抓狂，逼我按照她的方法复习。我要疯了，难道我还不会学习吗？

为了逃开她的魔爪，我想去同学家写作业，可是她不让我和这个同学玩，不让我和那个同学玩，怕人家把我带坏了。我现在没有朋友了，都被她打走了。

我想找我爸爸，好歹他不会死盯着我。可是，自从他们离了婚，她就不让我和奶奶家的人联系，说他们没良心，是她自己受苦受累把我养大的。我是她的，谁都别想来碰。

她天天叨叨我，让我争口气，活得有出息点，可是我不知道什么是有出息。我考了第一，她就打击挖苦我，说这是为了我好，怕我骄傲；我考了第二，她就骂我，说我又懒又笨，一点也不像她。

女孩像竹筒倒豆子一样倾吐着她心中的苦水。按照她说的，初二以前她一直是妈妈的乖乖女，妈妈说什么她就听什么。尽管非常不愿意，尽管每次听说妈妈出差要回来，她就紧张得不想吃饭、睡不好觉，但她一直压抑着。无数次在心里希望她再也不要回来，希望她出去被车撞死。自己还画小人，扎上针，诅咒她，希望她快点死了，再也不要回来了。

直到初二下学期，一次妈妈出差回来，检查她的作业，发现两处错误，妈妈火了，歇斯底里地吼她，说："是我的孩子，就得活出像我的样子，只要做，就要做到最好。”不知道哪里来的勇气，这一次她再也忍不住了，立刻大哭大闹起来，把书桌上的书全都推到地下，抱起枕头扔向窗外，发疯一样地撕自己的头发。妈妈吓傻了，一下子安静下来，变得小心翼翼起来。

从此，她感觉一切都无意义，学习也无意义。本来努力学习是为了考个好大学，好早点离开她，现在连学也不想上了。

“还有，以前学习的时候她不管我，感觉很舒服；现在感觉她无处不在，自己时时处处都被她监督着，指使着，安排着，简直喘不过气来。”

看着她哭得上气不接下气，似乎看到了一个淹没在海洋里、快要窒息却无力呼救的孩子，而这海洋就是一个把孩子当作私有物品的妈妈全部的爱。

看到这里，也许多少能体会青岛女孩为什么亲手勒死自己的妈妈。

爱到窒息　痛到深处

当父母把孩子当作私有物品，牢牢地拴在自己的腰带上，对孩子爱得密不透风，让孩子感到窒息的时候，出于逃生的本能，杀了父母或许就是最好的选择，也是唯一能够让灵魂自由呼吸的选择。诚如萨提亚所说：“当你生活在一个总是坚持‘正确’的人周围，你很可能想杀了他。”因为在那种处境下，情绪的折磨使得理性已经不起作用，根本不会想什么仁义道德，不会想是非曲直，灵魂的呐喊冲撞在体内，要么鱼死，要么网破。生命的意志无时无刻不在冲撞着寻求一种平衡，只是为了生存，为了能喘一口气，为了解放囹圄中的灵魂。受强大的追求自由力量的驱使，他们不由自主地跌进了万劫不复的深渊。

这样的例子不胜枚举。

高二学生徐力弑母，用刀把妈妈肢解装进箱子里；北大学子吴谢宇高智商犯罪，杀死妈妈，把尸体用活性炭包好，在家里装上摄像头，用妈妈的账号借来一笔巨款，逃之夭夭；初三男孩刺了妈妈二十三刀……

悲剧的背后，不管有多么复杂的原因，不管有多少说不清的是非对错，当举起刀子那一刻，理性已不复存在，生命底层对自由的渴望已经控制了他；那一刻，兽性主导了一切，孩子已经不是孩子，当然，妈妈也只是一个符号。这一切，无非是日积月累的压抑的总爆发。

悲剧总是特例，还在犯着同样错误的父母从来不会想到同样的事情会发生在自己身上，也确实，不是所有孩子被扭曲时都敢用鲜血抗争，多数生命在压制下会隐忍。生活中被妈妈当作私有物而深受其苦的孩子举不胜举，而悲哀的是，妈妈竟然对此丝毫都没有察觉，还自我陶醉在母爱的伟大之中，再多的流血也无法唤醒愚昧。

他是一家国企的中层领导，三十五岁，两个孩子的爸爸。最近，离了婚，辞了职，在家窝着哪儿也不去。先来咨询的是他焦虑的妈妈，她说："他从小听话，学习好，考了 985 大学，找了国企这么好的工作。媳妇是我同事的女儿，从小看着长大的，既漂亮，又性格温和，谁见了都稀罕。只准生一个孩子，我托关系想办法，给他们做了试管胚胎，生了一对龙凤胎。哥哥长得虎头虎脑，像爸爸；妹妹长得漂亮可爱，像妈妈。今年他自己又升职了，事业蒸蒸日上。我和他爸都退休了，全心全意给他们一家人当保姆，谁不羡慕我们一家人的幸福。可是，他就是不高兴，从上大学后就没见他笑过，不论什么事，问他意见，就两个字：行啊。"

"什么事都听我的，大小事先征求我的意见、看我的脸色。不知道怎么回事，这次他离婚、辞职却没说一声，我都不知道。根本没看出一点端倪，就离了、辞了。"说着，她双手掩面，白发在凌乱中颤抖。

在她的坚持下，三十五岁的儿子来了。他中等个头，端庄儒雅，话不多，有些憔悴，头上些许白发格外显眼。

他笑了笑，说：“我没事儿，反正就这样了。我妈要死要活的，没办法。”

“你的意思是，来这里是为了你妈。”

“是啊，能怎么样，从小就是。”说着，他低头拍拍裤子，沾着的一根头发掉了下来。

“看来你从小是听话的孩子。”

他笑了，苦笑。头转向一边，茫然地看向远处。

“你非常喜欢听妈妈的话。”我笑了笑。

这句话像一颗炸弹，摧毁了他的防线。

“我能怎么样？从小我就是给她争面子的道具，我能怎么样?！”

他几乎是吼起来，气血上涌，脸色发红，嘴角颤抖。

从小就必须听她的。高中选文理科，考大学选专业，选学校，找工作，找对象，生孩子，全都是她的意见，全都是她的安排，全都得她满意。我活到现在才突然看清楚，我就没为自己活过，我就是个行尸走肉，是个看起来风光无限的窝囊废。

我喜欢文科，她却非让我选理科，说文科没出息，将来不好就业。我想去南方的城市上大学，她非让我去北京理工大学。毕业我想留在北京，她非让我回来考公务员，公务员没考上，又找人托关系去了这家国企，总算称了她的心。我初恋女友也跟着来了这个城市。可是，当她知道我的女朋友是南方农村的，便死活不同意我们结婚，说她父母都是农村的，将来养老负担会很重。五年啊，我们谈了五年！那个女孩来我们家，想和她好好聊聊，结果连门都不让进。理由是，既然不同意，就不要见家长。女友一气之下回了南方。走的时候，对我说："你这辈子就全听你妈的吧，早晚要毁在你妈手里。"

可是，我不敢反抗。后来她让人介绍了我的发小，从小一块长大的。她从小就喜欢我，崇拜我，可是我对她并没有感觉。就这样结婚了，过日子呗！最要命的是我妈还天天打听怀孕了吗，找风水先生算了生男孩的日子，让我们同房。我媳妇很听她的，可我受不了，有一种这种事也被窥视的感觉，自然了无兴趣，结果两年半也没怀上孩子。她那个着急啊，最后托关系让我们做了试管，生了一对龙凤胎。她高兴得到处炫耀，几乎半个城都知道了。生了孩子以后，我一次也没抱过，全程不用管，用她的话说，我只管上班就行！好好干，升职了，给全家争面子，将来孩子们脸上也有光。自从有了俩孩子，在这个家，我就毫无存在感了。

说着，他慢慢平静下来。

这是你离婚的原因？

不是。我只是想，既然我活着没用，就别祸害别人了，我毁了就毁了吧。

别人指的是？

我媳妇和两个孩子。既然对人家没有感情，那就让人家找更好的吧。孩子上小学了，全是我妈照顾，学习成绩很好，我妈也是到处夸耀。看到他们的样子，我越来越清晰地看到小时候的我，他们的路已经能看到头儿了，我妈都已经安排好了，这还有什么意思！我这一生，都活了些啥？不如趁早散吧。我什么也不要了，只想写写小说，混口饭吃，乐得自在。

其实，我就从来没有独立过。我的都是我妈的，连我也是我妈的，从小她就对我这么说，我认了。

说完，他特别轻松地舒了一口气，就像卸下了千斤重担，又像挣脱了万般束缚，从此了无牵挂。

应当说，这是一个觉醒的灵魂，开始回归真正的自我，只是代价太大了。

私有品容易成为祭品

三十五年，他一直活在妈妈的设计里，一路走来，取得的成绩，让人艳羡，生活的幸福，让人嫉妒。可是，那些都是妈妈的，他自己什么也没有。在妈妈心里，他是优秀的、成功的、幸福的。可是像他妈妈说的，从上大学他就没笑过。高中被迫选了理科，就已经偏离了他喜欢的道路。从那时候起，他就不是在为自己拼搏，不是在建构自己的人生。也许那时候，他也知道努力，但是他不知道为什么努力。大学的女友给了他动力，但最终不得不分开。女友最后也给了他忠告，觉醒的种子或许从那个时候开始就已经埋下了。直到看到自己的孩子完全成了自己的翻版，他终于觉悟到这种亲子关系的危害。萨提亚说："很多孩子为了不让父母失望，把自己绑在祭坛上献祭。"他再也不想让自己的孩子成为"绑在祭坛上"的祭品了，于是他选择了辞职、离婚，这是时刻绷着的母慈子孝的土崩瓦解。

当我把这些活生生的例子写出来的时候，只希望他们的经历能给后人以启示。从任何一个意义上来说，父母把孩子看成私有品，提出各种各样的希望，做出各种各样的规划，做好各种各样的安排，都是对孩子的绑架。心理学家马斯洛说：这种对孩子所寄予的愿望和计划，就像给他们穿上了一件看不见的束身衣。

爱孩子首先要尊重，尊重孩子是一个独立的个体，明白养育孩子是妈妈的责任和义务，而不是为了满足自己的需要和虚荣，更不可把孩子视为私有。

一起读一读纪伯伦的诗吧，相信每一位妈妈都能从中得到些许启迪——

你的儿女，其实不是你的儿女。
他们是生命对于自身渴望而诞生的孩子。
他们借助你来到这个世界，却非因你而来，
他们在你身旁，却并不属于你。
你可以给予他们的是你的爱，却不是你的想法，
因为他们有自己的思想。
你可以庇护的是他们的身体，却不是他们的灵魂，
因为他们的灵魂属于明天，属于你做梦也无法达到的明天。
你可以拼尽全力，变得像他们一样，却不要让他们变得和你一样，
因为生命不会后退，也不在过去停留。
你是弓，儿女是从你那里射出的箭。
弓箭手望着未来之路上的箭靶，
他用尽力气将你拉开，使他的箭射得又快又远。
怀着快乐的心情，在弓箭手的手中弯曲吧，
因为他爱一路飞翔的箭，也爱无比稳定的弓。

教育好自己的孩子是你最重要的事业

《人民日报》曾经发过一篇文章，标题是“教育好自己的孩子，是你最重要的事业”。这句话曾蹿红网络，并不断发酵，引起人们的思考和感慨。

心理学有个现象叫作缺啥吆喝啥，吆喝的时候就是缺的时候，响应越强烈，说明越紧缺。教育好孩子是父母最重要的事业，这是常识，但却成为一个热门话题，只能说明，眼下很多父母从来不把教育孩子当作自己的事业，更不用说“最重要的事业”了。

被事业占据一切的妈妈

一些妈妈生了孩子自己不带，更没有把教育孩子当作自己的事业，甚至还把二者对立起来，这样的妈妈当然是不合格的妈妈。这里我要说的是另一类妈妈，她们非常上进，非常要强，生命充满向上的能量，同时，她们也非常爱自己的孩子，重视孩子的教育，但是却同样没有把教育孩子当作自己的事业，并因此导致孩子教育的失败。

这是一位妩媚动人的妈妈，娇美的五官配上精致的妆容，岁月在她身上似乎不留痕迹。一身小香风套裙，戴着祖母绿钻戒的手里拎着名牌的包包，散发着高档香水的淡淡清香，烈焰红唇非常性感，长长的假睫毛忽闪忽闪会说话。这身装扮昭示着她事业的成功和财富的丰盈。

开场的谈话自然很愉快，她一直保持着职业的矜持。

儿子在美国读大学，刚刚去了两个多月，就非要回来，问他什么原因，却啥也不说，就是一个词：回来。

找遍了亲戚劝他，没用。从小最听保姆张姨的，但是现在保姆一和他聊，他就大哭，说再不让回来就要跳楼自杀。

但是，他回来就没有学上了。本来，好不容易走了一些门路，投了不少资，想让他在国外读完大学直接移民，但他却非要回来，并且说回来也不回家，自己流浪去。现在该怎么办啊？

他现在的生活情况你了解吗？

啥都不知道。这个孩子一句话都不和我说，所有的情况都是从保姆那里知道的，包括他有没有课，一天吃几顿饭，有几个老师，等等。

说实话，这个孩子从小是保姆带大的。我们是重组家庭，他爸爸是公司老板，离异，自己带着个两岁的儿子。我当时在做财务工作，经常帮他照顾一下孩子。后来我们结婚了，生了这个儿子。当时正赶上公司创业阶段，我俩都很要强，打拼着要上市，哪有时间管孩子！就请了个保姆在家照顾他的儿子；我们这个儿子六个月就断了奶，直接住到了另一个保姆张姨家里。

那时候公司忙，我一个月去看不了一次孩子，一门心思干事业。大家都说，有了我，公司才红红火火发展了起来。听到别人的赞美，看到公司的壮大，我很享受事业成功的感觉。当然我也知道自己做的这一切都是为了孩子，于是又给他请了两个保姆，都是退休教师，想让他接受最好的教育。我认为只要给他提供最好的条件，他就肯定会比别的孩子优秀，所以我必须好好干事业。为了让他哥俩去美国留学，我们特地在那里买了套房子，让他俩住着方便，这些都不是小钱，不干可不行。

我努力打拼就是为了给他最好的，没想到这个孩子越大越不待见我，对我像仇人似的。初中就叛逆得厉害，在学校抽烟喝酒打架，我天天跟着替他擦屁股……

她说着，眼泪在眼眶里直打转儿，使劲仰起头，瞪大眼睛不停地眨巴，竭力地想把泪水忍住，可眼泪不听使唤，她只能拿出香巾轻轻点按。

你到底想告诉我什么呢？

我很委屈。本来，这样做都是为了他好，他还这个样子。我这个人从来不想像那些家庭主妇一样，整天围着锅台转，被孩子扯着衣服，抱着腿。我要体体面面养孩子，不能因为有了孩子就耽误女人该有的光鲜亮丽。女人必须有自己独立的经济地位，而要有自己的经济地位，就必须有自己的事业。所以，我必须干好事业，才能保证孩子过得好。

“你觉得他现在过得好吗？”

她沉默了，过了一会儿说：“作为妈妈，我给他创造的条件不敢说是全国最好的，但绝对是周围最好的。但他却不知足，不懂事，还整天要死要活的。”

“学点家庭教育知识吧。作为一个妈妈，你对孩子教育方面的知识了解得太少了。我不否认，你是一个成功的女强人，但却不是一个成功的妈妈，甚至称职都很难说。孩子在成长的时候，是需要妈妈在场的，但你这个妈妈却是缺位的，你被事业夺走了。现在事业和孩子都摆在这里，整个家庭也摆在这里，作为一个妈妈，你觉得比别人成功吗？”

这些话很重，一下子戳到了她最敏感的神经，尤其最后一句，让她陷入了沉思。

其实，我知道不该对她说这么重的话。但是，不冷不热的说教有什么用呢？有时候，必要的刺激或许更管用，如果冷酷的事实都唤不醒这样的妈妈，所有的理论也都无效。

孩子成长期，母亲不能离场

给了孩子物质条件就认为给了孩子一切，请了家庭教师，上了好学校，就认为给了孩子最好的教育，这是多少父母错误的认知。教育孩子必须是父母的功课，从来是别人不可以代替的。不仅如此，她还想“体体面面养孩子”，所谓“体面”不过就是别耽误自己的打扮和美丽，那就必须和孩子保持距离，于是交给保姆喂养，自己光鲜亮丽地出头露面。代价就是孩子越来越不待见自己，有话只和保姆说。到底谁是孩子的妈？孩子如此不信任，如此不亲近，自己在孩子心中的地位远远不如保姆，作为母亲不知道是否会心痛。

有句话说：女人，你的名字叫母亲。这是多么神圣多么高尚的角色定位，同时也是多么伟大的事业定位！当看到一个个鲜活的生命经由母亲之手，成长得健康茁壮，那是多么让人骄傲的事业，这骄傲里自然包含了女人伟大的牺牲和奉献。

但这并不是说，女人只会带孩子，只需要养孩子，女人的全部都只能奉献给孩子，而是说养好孩子本是女人世界里所有事情的一个自然的优先级，是女人的第一事业。有了孩子，养育是第一位的，在养育好孩子的同时，你自然可以干任何你想干的事情，只要你的精力是充沛的，你的能力是足够的。但不管你做什么光鲜的事业，作为母亲，在孩子的成长过程中，你都不能离场。

从古到今，在这方面做得好的女人数不胜数。居里夫人，作为世界顶级科学家，她从来没有耽误过好好居家陪孩子，她连诺贝尔奖章都可以拿来给孩子当玩具，可见孩子在她生命中的位置。近处说，我国的密码专家王小云，2003 年怀孕生子期间连着破解了两个美国引以为傲的顶级密码：Md5 和 sha-1。Md5 可是美国麻省理工学院和数据安全公司的联合发明，是最顶尖的密码加密算法，号称“计算机运行 100 万年才能破解的密码”。被王小云破解以后，美国国家标准与技术研究所专门召开了一次会议，寻求密码专家的帮助，重新加强了 sha-1 的算法复杂度，想阻止王小云再度破解。谁知道仅仅时隔两个月，在国际信息安全 RSA 大会上，王小云团队再次宣布已经成功破解了 sha-1 的密码算法。这给美国带来了不小的震惊，震惊之余，直接下令：十年之内不允许再次启用这两套密码系统。这样的事业可谓大吧。但是，它却丝毫没有影响她作为母亲的这个身份。王小云说：“我基本上是一边看孩子，一边推导路线，这两者对我来说，是很容易的事情。”怀孕期间，为了不影响胎儿健康，王小云选择尽量远离电脑辐射，她用铅笔进行推导计算。在孩子这个“最重要的事业”和其他事业之间，她做了一个妈妈应该做的选择，而这个选择一点都没有耽误她的密码事业的成功。在她成为震惊世界密码界天才的同时，她也是一位焕发着独特魅力的母亲。

王亚平作为我国第一位进驻空间站的女航天员，被国人喜爱追捧，除了她的专业技能、奉献精神和娇美的容貌，更打动人的也应该是她作为女人的妈妈情怀。挑战太空生活六个月，临行对女儿一句话——“妈妈去为你摘星星”，触动了不知多少人内心最柔软的部分，从而将这次母女分别定格进了历史，把母爱升华到了每个人都能感受到的温度。春节晚会上，王亚平女儿悠长的童声“妈妈——给我摘星星回来”，再一次将这份母爱传达到人们心间，让太空中的王亚平更加牵人心肠。回到地球，面对记者采访，如此庄严的场面，王亚平的感言仍然不忘告诉女儿——“摘星星的妈妈回来了！”多么朴素的一句话，却让王亚平的航天事业因母爱而更加美丽灿烂。她的太空之旅，因为这个母爱小故事的加入，更加震撼人心。从中，我们品味到了妈妈和航天员两种身份各自的美好，看到了妈妈和航天两种伟大事业交相辉映的奇光异彩。

认知不同，结果不同

谁说女人干事业就一定要抛弃孩子，孩子不应该是妈妈的累赘，事业更不是妈妈不顾孩子的理由，不是在孩子面前炫耀的资本。如果事业的成功成为孩子成长的阻碍，它就失去了在家庭中应有的价值，因为其他一切事业的成功，都补偿不了作为母亲的失败，而作为母亲的失败将成为一个母亲终生的痛。

忘不掉一个高一的女孩，那天她前来咨询，坐在沙发上一句话也不说，低着头，头发遮挡着整张脸，紧张地坐着。沉默良久后，她拿起笔写了一句话：“老师，我很丑，很难看，说话也很难听，我能写吗？”

看到这句话，我的心颤了一下，这是怎样卑微的一个生命，竟然会这样评价和定位自己？

就这样，我们的交流从写字开始，然后再逐渐过渡到交谈。她告诉我，自己很没自信，学习很无力，没有目标，不敢和同学交往，也没有同学喜欢自己，每天都是一个人，觉得活着实在没有意义，多次想到死，但是又不敢去死，认为自己不值得引起别人的注意和伤心。

父母知道你目前的状况吗？

我从来不跟他们说，在家很少说话，他们不知道。我和他们见面的时间很少，早上我五点五十去上学，他们还没起床；白天他们不回家，晚上我放学回家，他们可能在家，有时候也不在家。我妈妈是那种女强人，她的事业干得很好，长得也很漂亮，朋友们都夸她。我也想努力做她那样的人，像她一样优秀，但是我发现，无论怎么努力都做不到。我很丑，学习不好，也没有任何能力。

你总在说你很丑，但我觉得你很漂亮啊。为什么会有这样的想法？

我妈妈一直说我很丑。她从来不带我出去吃饭。小学的时候，有一次她跟朋友们在一起说话，我在旁边玩，听到她说"这个闺女一点都不像我，你看丑的，领不出门去"。我听了，很伤心。但是我就是很丑。

你偶尔听到的是不是妈妈开玩笑的一句话？

不是开玩笑，她经常说。初中的时候，她跟奶奶在客厅说话，说这个闺女随你们一家人，小眼睛，塌鼻子，一点儿也不像我，丑得领不出门去。有时候，在院里碰到熟人打招呼，别人夸我皮肤白，她也说我是个丑闺女。

我问她妈妈做什么工作，她说妈妈是一个酒店的经理。

"她干得很好，那个酒店很红火。我经常听她打电话，领导表扬她，她很开心。我也想像她那样优秀，可是我做不到。"

亲爱的读者朋友，我不知道读到这里，你是否感觉到了丝丝的悲哀，或者沉重感?

一个妈妈竟然嫌弃自己孩子的容貌，这是多么残酷！只这一点，就足以摧毁孩子的自信。把自己的工作当作全部的事业，整天不回家，沉醉在领导的表扬里。酒店经理，一份工作而已，但她却做成了孩子成长的天花板，让孩子从此走不出妈妈的所谓“优秀”筑起的高墙，而把自己深藏进角落，让生命卑微为尘埃。

这位“优秀”的妈妈恐怕很难意识到，一个毁掉孩子健康成长的母亲，无论她的事业做得如何成功，都掩盖不了她人生的失败。

女人的第一职业就应该是妈妈，除非不生孩子。生了孩子就要先带好孩子，再谈其他。你会说，妈妈也需要挣钱养家，顾不上孩子。这是现实，但是照顾孩子与这个无关，它是一个价值观和生活态度问题。

记得有一年高考之后，一个妈妈送来了一箱西红柿和一箱鸭蛋，都是她自己家里产的。原因是高考前我对他儿子的心理辅导，让儿子高考非常顺利，考出了高中以来最好的成绩，她因此带儿子来表达感谢。这位妈妈是一位普通的农村妇女，但让我非常敬佩。她不足一米六的个子，却独自撑着整个家，种了两个大棚。男孩的爸爸因车祸失去了劳动能力，生活需要照顾。她每天两三点就起床去大棚干活，六点前回来给孩子和他爸爸做早饭，然后再开车二十分钟送儿子上学，晚上十点开车再接回儿子。她说再累也要让儿子吃上热乎的饭，再难也要给儿子买个好点的手机上网课。儿子也非常懂事，心疼妈妈，一有空就去大棚里帮妈妈收菜卖菜。

这位妈妈很忙，很累，她要养家，她可能也不懂什么叫事业，但是孩子的教育在她心里却永远是第一位的。在孩子的成长过程中，最重要的滋养是母爱，母爱不需要言语，不需要过多的物质，有心在就足够了。有妈才有家，有心才是妈。

别让自私、虚伪毁掉母爱

只要是母亲，就不会嫌弃自己的孩子。那位漂亮的酒店经理妈妈之所以嫌弃自己的孩子，是她对自己的身份没有正确的认知，对自己没有恰当的定位，这种类型的妈妈说到底是被自私和虚荣的心理控制了。

自私是一种自我价值观扭曲的体现，是一种普遍的病态心理。自私的人心中只有他自己，从来都不会考虑别人，哪怕面对的是自己的孩子。曾经看到一个火爆的视频，一个九〇后的妈妈，歇斯底里地训斥四岁的儿子为什么喝了自己的奶茶。这是只有极度自我的人才能做出来的下意识的行为。自私的人是非常冷酷的，没有感情可言。他们习惯于用冷冰冰的利益关系来看待人与人之间的纯洁和善良，在他们心中，物质高于一切，一切都可用物质说话，即使对自己的孩子。他们认为给了孩子丰富的物质，便是给了他们最好的爱。

除此之外，他们对孩子有时候表现出来的所谓好还包含了他们的虚荣。让孩子好，也是为了满足他们自己内心的虚荣。因为他们需要用孩子的优秀来撑起他们的面子，好在同类面前多一个有力的炫耀资本。可是，你会发现，上天往往不会满足他们的虚荣心，越是需要拿孩子炫耀的父母，越养不出争气的孩子。因为，虚荣是害人的，不仅害自己，还会害身边的人。

关于女性的虚荣，叔本华在《附录和补遗》中写道："女人的虚荣心是完全指向物质性的东西，也就是说虚荣女人显摆的就是自己个人的美貌，其次就是耀眼的、华丽的、奢豪的仪式或者排场，这解释了她们为何踏进社交场合就如鱼得水。"

虚荣与母爱是水火不相容的，她会让女人失去母性，视养育孩子为累赘而不顾。她们往往尽情梳妆打扮，不让孩子靠近自己漂亮的衣服，免得弄脏或弄出褶皱，理由是要去见客户；她们把孩子扔给保姆，拿出一周两周甚至更多的时间陪客户到世界各地旅游观光，说是为了获取最大利润；她们整天和朋友一起花天酒地，而懒得回家给孩子做一顿可口的饭菜，称这是经营人脉；为满足自己的虚荣心，攀比着把孩子送进贵族学校，说这是为了孩子好；或者用为了孩子好的借口疯狂控制孩子。她们的这些做法，人们都不觉得有问题，因为都有一个漂亮的借口——干事业。而干事业就是一些生了孩子但不愿意亲自抚养的妈妈的漂亮借口。

把做事业和教育孩子相互对立，本身就是可笑的，是没有厘清轻重、漠视生命价值、糊里糊涂的表现。如果以发展事业为借口放弃对孩子的养育和教育，从小处说，是放弃了作为母亲的义务和责任；从大处说，是放弃了对国家和社会应当承担的义务和责任。要知道，对于妈妈来说，孩子、家庭都是你生命和事业的组成部分，不是你的累赘。

二战时的世界反法西斯领袖丘吉尔的母亲詹妮曾经说过，自己这一辈子没有任何遗憾，因为她为大英帝国贡献了一个丘吉尔。而当有人问她，是否为自己当首相的儿子感到骄傲，这位伟大的母亲说："是的，但我还有一个儿子在田里挖土豆，我同样为他感到骄傲。"有智慧的父母应当明白一个道理：教育好自己的孩子，不管他们将来做什么，都是对社会最大的贡献，也应当是你最重要、最值得自豪的事业。

不要等问题发生了，再求医问药

每一个刚出生的孩子，都是无比可爱的宝宝，怎么看怎么喜爱，随着孩子长大，问题才会不断发生。虽说孩子是在犯错和纠错中成长，但这说的是错误，不是问题，错误可以及时纠正，纠正了错误就会得到经验。但问题是一种病态，是日积月累、积弊成习的很难自己纠正的错误。一旦错误累积成问题，修正起来就会非常困难。所以，教育孩子要把精力放到早期，千万不要等问题发生了，再去求医问药。

一封忧伤的信

她是一个高三女孩，还有八个月就高考了。为了节省时间，来咨询之前，女孩先送来一封八页的信，介绍她的成长经历和目前的状况。一封信，八张纸，可能没有谁愿意去读。但是，看到这封信的第一眼，我就被吸引了。页面干干净净，折叠整整齐齐，娟秀清丽的字体，就像会说话的眼睛，读了两行，竟然欲罢不能。这是一个普遍而又全新的生命故事，吸引着你不得不去探究。

她说，她现在非常痛苦，每天至少哭四个小时，有时候竟然整整一晚都在哭，到现在，已经没有眼泪。哭而无泪，让她更难受。每天早上软绵绵地硬撑着爬起来，坐在教室里，整个人像被一块巨大的石头压着，又像关在空气稀薄的屋子里，无力感、窒息感，就像被一个破麻袋紧紧地包裹住了。

真想把自己消灭了，连灰都不要剩，完全蒸发掉。可是，没有一种方法能让自己蒸发。无数次割腕，看着鲜血流出来的那会儿，自己内心轻松舒畅了很多，然而过去之后还是无尽的压抑。

我渴望有个人可以救我，把我从水中拖出来，至少让我死得痛快点，不要这样活活被淹死。

我去找班主任。他已经习惯了，看到我，什么也不说，先让我在他的办公桌旁尽情地哭，直到哭累了。有时候，哭完了，他很忙，连一句话也没说，我就回教室学习了。这样也能轻松一点，但是看到落下的学习任务，又非常烦躁。

刚入学时，2500 名同学，我是稳稳的前 30 名，现在 200 名都进不去。我的梦想早就没了，它死了！当然，偶尔也会闪现一下，也算半死不活吧。

说着这些，她竟然笑了，看着远方，只是笑里满是苦涩。

我从小想当一名医生，儿科医生，专门给小孩子看病，保护他们的安全。可是，现在我连自己的安全都保护不了，还能保护谁？

说到这里，她哭了，眼泪也夺眶而出。
她边哭边笑边抽纸擦泪。

父母知道你现在的状态吗？

他们不知道，他们只知道他们的闺女学习很好，很听话，是个好孩子。

说着，她撇了撇嘴，轻蔑地笑了笑。

每天晚上放学，我都是哭一路，到家门口才擦干眼泪，咧开嘴让自己笑一笑，再进去。进了家门，打个招呼就回自己房间，他们也都各自忙着看手机。

从她的叙述来看，她的情况应该是抑郁症。

我感觉到问题的严重性，提出见见家长，但她却强烈反对。问我，她的问题不用家长能不能解决，我说，为了更好更快地解决问题，必须见家长，因为我需要全面地了解一些情况。

她非常不情愿地说不想告诉他们。

是怕父母担心吗？

不想让他们知道我的任何情况，他们不配知道。

说着，她把攥在手里的纸狠命地扔进垃圾桶。

从初中毕业的那一天，他们就完全不知道我的事情了。我已经对他们完全封闭了自己，见面就是打个招呼，每次考完试拿回成绩单给他们，然后要学费和零花钱，仅此而已。

你是说，现在和父母完全没有了沟通交流？

从初中就不怎么交流了，但那时候还说点话，高中之后就完全没有交流了。我们住在爷爷奶奶家，我天天盼着他们回他们自己的家。他们走了，我更清净。

我不会忘掉初中毕业的那天。别的同学都是家长去接，只有我自己扛着被子，抱着书，进了小区，碰上邻居阿姨和叔叔正和妈妈说话。看到我自己扛着行李，他们都很吃惊，说要替我拿。我说不用，他们都说我懂事，自立能力强，而我妈妈只是嘿嘿地笑。看到她在笑，当时我特别愤怒，真想爆炸！她要替我拿，我连看她也不看，赶紧加快脚步回家，累得腰都直不起来了，胳膊酸疼了好几天。当时，我爸正在家坐着，看到我这个样子，也笑了。看到他们笑，我突然哇哇大哭起来，关上房门，晚饭也没吃，哭了一个晚上。我的生活起居向来是爷爷奶奶照顾，他们从来就是没事人一样，除了关心我的成绩，别的完全与他们无关。

从那以后，我决定对他们关闭心门，我们成了仅仅是生活在一起的陌生人。我对他们很客气，也很懂礼貌，但他们说什么，我就当没听见。

上高中后，有时候晚上放学，妈妈会在小区门口等我。一看到她，我就莫名其妙地想发火，恨她突然出现，影响了我的心情。如果她想靠近我，我就会控制不住地大吼：离我远点！其实，我也不想这样，但我恨他们，已经控制不住自己的情绪。

早干什么去了！记得小的时候，我多么渴望妈妈能陪我玩玩儿。但是每次我写完作业去找她，她就冲我发火，说自己工作了一天，这么累，回到家看会儿手机，你还要缠着我！慢慢地，我再也不敢去找她了。她看手机，我就在她旁边一个人玩布娃娃。

平时，他们只看我的学习成绩，只要我考出满分，拿回奖状，他们就高兴。小的时候，我非常害怕他们不高兴，于是努力学习，觉得只有我学好了，他们才高兴。看到他们不高兴，我就拿我的试卷或者作业或者老师表扬我的评语给他们看。在内心里，我是多么希望他们能陪我玩玩，可是他们总是说很忙。

有一次，他们让我跟姨妈一家人去上海旅游。看到表哥和他爸爸妈妈那么亲密，那么随意，我便不由自主地暗暗伤心，晚上偷偷地哭。去上海住了五天，那是我最难过的五天。回来后，姥姥问我怎么不高兴，我说我要离家出走，姥姥吓坏了。后来我想，干吗要出走啊，能给我饭吃，给我钱上学，就先这样吧。

你或许不难看出，这应当是父母和孩子身在同一屋檐下，心却在两个世界里的典型。

我再一次提出见见她的父母，她依然极不情愿，说自己实在不想和他们说话。

在渴望中生成的脆弱

第二天，她的父母还是来了，不知道她是怎么说的。

当我说孩子需要去医院心理科检查一下的时候，她的爸爸强烈反对，说孩子很好，没有任何问题，从小表现优秀，从来没有被叫过家长。言外之意是我多事儿。我非常清楚，这是很多家长的普遍认知，即使医生开出诊断结果，他们也不会承认，仍然会说自己的孩子没事，因为他们向来盲目自信，觉得自己的教育方法是天底下最正确的。他们完全没有意识到，现在，除了学习成绩，他们已经完全看不见自己的孩子了。

幸好，听我一说，妈妈似乎有所觉察，说，她从小就是出了名的好孩子，人见人夸，从来不用家长管。但这几年感觉很不对，几乎不和我们说话了。尤其上了高中后，一句话也不听我们说，一靠近她，就会像狮子一样大吼。

我坚持让他们带孩子去医院检查。

一天，女孩突然又来了，说去北京某医院检查了，结果是重度抑郁症。医生训斥了爸爸妈妈，开了药。

她说："看到这个结果，不知道为什么，我突然感觉非常轻松，像卸下了背在身上的大石头。"

从此，女孩进入了系统治疗的阶段，情况也越来越好。

偶尔，她会趁着课间操跑到我的办公室，推开门，一探头，说一句："老师，我最近的心理能量又增长了这么一点点。"然后用手比画一下，开心自豪地一笑，又赶快关上门，跑回去上课了。心理能量的增长是我和她的约定。

开朗、乐观、笑容灿烂、善于表达、与人为善，是这个女孩一直给人的印象。但就是这样一个众人眼中的好孩子，内心却承受着像污泥一样的痛苦，且一直在发酵，直到心理以病态呈现。

边备考边治疗，经过大半年的艰难煎熬，女孩考了一个普通 211 院校，虽然与她的实力有些差距，但这个结果已经算好。对她来说，高考已经结束，疾病仍在心上，她需要承受痛苦并坚持持续治疗。

问题到底出在哪里？

这应当是一个在生命早期被忽视了的女孩。用她妈妈的话说：她懂事，从来不用家长管，又有老人照顾，所以，父母也就各忙各的，心思完全不在孩子身上。当她提出要妈妈陪着玩一会儿时，妈妈却觉得自己很累，呵斥她不懂事。在妈妈看来，老人照顾着，陪她玩就够了。

可是，母爱怎么能被代替，哪有不希望被父母时时呵护的孩子！即使到现在，从她满是反抗的叙述中，仍能清楚地听见她对爱的强烈渴望。渴望但得不到的爱，会慢慢衍生成侵蚀心灵的恨，而这种恨会像病毒一样藏在心灵深处。

父母工作太忙，顾不上她，上学之后，她是挂钥匙独自回家的娃。她想要爸妈陪伴，可是每次得到的都是呵斥和抱怨。我们很容易想象出那个画面：一个小女孩，不敢叨扰正在看手机的妈妈，远远地在妈妈旁边一个人摆弄着布娃娃，时不时瞅一眼妈妈。那一刻，她幼小的心灵感受到的会是什么？是被忽视，是被冷落！是害怕，是惊吓！那时候，在她幼小的心灵里就总有一个声音：妈妈不喜欢我，妈妈会抛弃我，要听话，妈妈才不会离开。

可悲的讨好

一个孩子如果时时感觉自己不被爱，感觉随时会被父母抛弃，这对她来说意味着生命随时会消失。人最大的恐惧来自死亡，孩子最怕的就是被抛弃，这是来自生命深处的恐惧。父母只要说不要他了，哪个孩子都会害怕。他们要么大哭大闹，要么委曲求全，特别是被表扬懂事的孩子，她会认为懂事就可以换来父母的关爱。

随着长大，她学会了在好的表现中加入一些手段，于是她的性格中发展出了讨好的部分。她努力学习，考出满分，拿回奖状，学习已成为她对父母讨好的主要手段。她努力表现出她的好，争得老师的表扬也可以让父母开心。她参加各种表演，做主持人，当班长，在大家眼里，她是一个方方面面非常优秀的孩子。但是，骨子里她不过是在竭尽所能取悦父母，想换来更多父母的关注和爱。

幼小的孩子，会把爸爸妈妈的吵架和不高兴理解为自己表现不够好，而把一切罪过揽到自己身上，因而生活中时时处处想表现好。于是，对自己高标准严要求，什么事都要做到完美，唯恐父母不高兴。慢慢地，性格中会形成要强的部分。但没有谁天生要强，要强的性格背后常常是脆弱，是内心有某种特殊的渴望。

直到高中，她一直表现出是个懂事、有礼貌、乐观开朗、积极向上的好孩子，谁能想到，她会得抑郁症，而且是重度。这是因为人们只看到她表面的优秀，没有人看到她内心的压抑。像一个又大又红的苹果，谁也看不到藏在果核里的一块霉变，只有当苹果腐烂的时候，人们才会感慨这么好的果子怎么会烂了呢？太可惜了！然而很少有人会想到，苹果腐烂往往来自早期刚刚结果时果农的疏忽，而这疏忽也许就是少撒几次农药，少浇几遍水而已。

父母早期对她的疏忽和冷落会成为深深的伤害，求生的本能让她发展出性格中的扭曲。特别是父母关爱的缺失，会导致孩子非常抗拒父母。从此，一股强烈的敌对力量滋生了，一直在折磨着她幼小的心灵。尽管后来妈妈意识到了问题，也努力想弥补，并想尽办法靠近她，积极主动关心她，但是，她已经不需要了！用她的话说：“你们早干什么去了，我需要你们的时候，你们都干什么了？现在我已经挣扎着长大了，习惯了，完全不需要了。”不过，虽然她表现出的是强烈的愤怒和抗拒，但是潜意识中她仍然深深渴望被爱。她是矛盾的，所以她生病了。她的心理疾病其实是生命以不同方式对爱的呼唤。

不能忽视生命的早期教育

青春期是最容易表现出问题的时期，也可以说父母对孩子的教育是否有效，到青春期就可以得到答案。一旦表现出问题，就说明是早期教育出现了问题。但是，不是所有事情都有可以弥补的机会，孩子的成长不会等待，等到发现问题再去修正，只能是亡羊补牢。

孩子出现问题后来我这里咨询的，有无数父母感慨，孩子小的时候没顾上好好陪伴，没想到会是现在这样，早知道这样，那时候啥都不干，也要先陪孩子成长。但是，不见棺材不落泪是人的通病。多数父母因为自己看不到问题，就会认为没有问题，别的孩子出现问题与自己没有关系。只有少数人能够从别人的经历中吸取教训来指导自己，他们是智慧的。

好妈妈应该属于这智慧的少数。好妈妈都会明白，每个孩子的成长都是一条单行线，不可重来；孩子教育不容试错，别人的错误应当是自己宝贵的借鉴，决不能让这种错误在自己的身上重复。

从这个女孩的经历，我们应该清楚地看到，爱孩子就要特别重视生命的早期教育，忽视就是对一个生命最大的犯罪。好妈妈会让孩子从胎儿期就免受不应有的挫折，让孩子生命的幼苗在爱的风调雨顺中慢慢长得挺拔高大，直到他能够独立，能够有面对风雨的能力，而不要让孩子成为生长在爱的雨露缺失的贫瘠山崖上的小松树，为了求生存不得不将身子做各种扭曲。

人的成长最关键的是前六年，这在很多心理学理论中都有大篇幅的论述。心理学家阿德勒提出，人在五岁前就形成了认识世界的统觉框架，这框架像一副眼镜，以后所看到和感到的都要经过这副眼镜的过滤。幼儿教育家蒙台梭利则提出了“吸收性心智”的概念。指零至六岁的幼儿，会对周围环境的一切进行吸收，并将其内化为自身的一部分，构建出自我。零至三岁是无意识吸收性心智，三至六岁是有意识吸收性心智。幼儿像海绵一样，他们的吸收性心智接纳一切，不评断，不拒绝，不回应，只要与之相关的统统会吸收进去。

还有一种比喻，说幼儿像照相机，对周围的一切都会事无巨细地原样拍摄，存储起来，存储到连他自己都不知道的潜意识里，成为其构建自我的材料。也就是说，他们会把他们接触到的环境中的一切都内化到自身，将环境肉身化，建立精神肌肉，发展精神感官，包括语言的发展、动作的发展、智力的发展、情绪的发展、意志力的发展等等。

幼儿用吸收性心智来建立他们自己的精神胚胎，他的精神胚胎的建立只能通过与环境互动来实现，并最终发展成为有意识有心灵世界的人。

要知道，我们所能看到的幼儿表现出来的行为只是很小的一部分，他们吸收的东西才是无限量的。所以，生命的早期，父母就要负责为孩子创造好的环境，让他吸入尽量多好的东西，以留存在他的生命底片里。除了他的生理感官（视听嗅味触）能感受到的一切，更重要的就是他的精神感官能感受到的一切，比如你对他的关注、欣赏、肯定、赞美等带给他的愉悦。而所有的这种种体验都将被孩子丝毫不差地保存起来，成为构建孩子自我的原材料。

智慧的父母会抓住生命的早期，精心为孩子准备与之相关的环境，把环境准备好了，就意味着幼儿已经把构建自我的原材料储备富足了，随着意识的发展，他就会慢慢梳理，并在梳理的过程中慢慢成长，渐渐长大，父母就可以慢慢放手。这就是很多青春期的孩子不用父母操心的原因。很多人经常羡慕别人家的孩子不用父母操心，其实，是没看到别人家父母只是在孩子小的时候已经把功课做好了。

教育是个金字塔，主要的功夫都在底部，父母在孩子小的时候用多少心，孩子长大了就省多少心，并且会越来越省心，即使成长中偶尔出现问题，孩子自己也会处理好，根本用不着父母多管。

第三章

成长的节奏

顺着生命的纹理成长

出自造物主之手的东西都是好的，而一到了人的手里就全变坏了，他要强使一种土地滋生另一种土地上的东西，强使一种树木结出另一种树木的果实。

他不愿意事物天然的那个样子，必须把人像练马场的马那样加以训练，必须把人像花园中的树木那样照他喜爱的样子，弄得歪歪扭扭。

——《爱弥儿》

尊重内心的选择

一名高二的男生，不论上什么课，面前总摆放着语文课本，而且总是翻到五十三页，他面前从来不会放另外一本书，人坐着也不动。为什么会这样呢？因为他喜欢体育，渴望运动场上的飞奔，着迷于飞奔的力量和速度，一心想上体育班。可是妈妈说，上高中就是为了考个好大学，学体育是不务正业，是那些实在没有出息的孩子才会选择的路，去了体育班孩子就会学坏。

经过一年多的抗争，父母不仅丝毫不为所动，相反，还请教了很多亲戚朋友，大家也都是一样的论调。妈妈最后给出结论就是不上学了，也不能去体育班！无奈之下，他只好选择了文科班（当年是分文理的），但是，他同时也选择了放弃自我。他说："如果让我学体育，我可以考北体；不让学，那就算了，我再怎么努力也就是中游水平，考个一般的大学，有啥意思！熬呗，再熬两年拿个高中毕业证算了。"

不让孩子做他自己喜欢的事情，并不是不爱孩子，恰恰相反，这位妈妈是非常爱孩子的。她费尽心思到处打听，证实了学体育的坏处。为了阻止儿子，用尽千方百计。用她的话说：费尽了心思，使尽了力气，就是为了他好。

这位妈妈为什么会如此执着地不让孩子学体育呢？很简单，是世俗观念作祟。世俗的观念像无形的手，像摧枯拉朽的风，左右着妈妈的思想。既然大家都认为学体育是不务正业，学体育会毁了孩子，作为一个妈妈，怎么能眼看着自己的孩子走上“邪路”呢？

可悲的是，孩子的妈妈被世俗的认知裹挟着，完全忘记了孩子都是独立的个体；每个孩子都有自己天生的个性，都是不一样的，是不能用一个标准来要求的。正是这个世俗观念确立的一刀切的标准，不知毁了多少孩子，而妈妈们毫无察觉。

多元智能的发展

美国教育学家和心理学家加德纳通过数年分析人脑和人脑对教育的影响，在对大量心理学实验数据和实例观察分析的基础上，认识到大脑中至少有着多个不同的智力中心，因而，人类思维和认识方式是多元的，亦即存在多元智能。他认为人有八大智能，即语言智能、数理逻辑智能、音乐智能、空间智能、身体运动智能、人际交往智能、自我认识智能、自然智能，后来又补充了一种存在智能。

智能是人类大脑中文化知识的积累。它是一种生理和心理的潜能，这种潜能在个人经验、文化和动机的影响下，在一定程度上得以实现。多元智能中的各种智力不是以整合的方式存在，而是相对独立的，各自有着不同的发展规律，并使用不同的符号系统。因为每个人的智力都有独特的表现方式，每一种智力又有多种表现方式，所以我们很难找到一个适用于任何人的统一的评价标准，来判断一个人聪明和成功与否。

在正常条件下，只要有适当的外界刺激和个体本身的努力，每一个个体都能发展和加强自己的任何一种智力。这些智能在不同的人身上有不同的体现，每个学生都具有自己的智力特点、学习风格类型和发展特点。每个学生都有自己的优势智力领域，人人都拥有一片希望的蓝天。每个学生都具有在某一方面或几方面的发展潜力，只要为他们提供了合适的教育和训练，每个学生的相应智能水平都能得到发展。

影响每一个人智力发展的有三种因素，即先天资质、个人成长经历和个人生存的历史文化背景。这三种因素是相互影响、相互作用的，虽然人的先天资质对智力的类型起决定作用，但智力发展水平的高低更取决于个体后天的历史文化教育活动。因此，多元智能理论主张：教育应该为学生创设多种多样的，有利于发现、展现和促进各种智能的情景，为学生的学习提供多样化的选择，使学生能扬长避短，激发潜在的智能，充分发展个性。

所以，最好的教育应该是认识并尊重他们的自身特点，在适合他们的先天条件的基础上精心雕琢，从而使他们各尽其才，而不是看到树木，就只会做桌子，更不是市场上桌子的价格高，就把所有的树木拿来做桌子。有的树适合结果子，有的树适合用来观赏，有的树适合做栋梁，孩子更是如此。各有特点才构成世界。这就要求父母一方面要对自己的孩子有清晰的了解和认知，知道他的特点和个性，另一方面要有接受差异的胸怀，要知道不是每个孩子都能按着父母的希望生长。

认识错位将耽误孩子的前程

事实上，不是所有的孩子都这么幸运，总有很多父母稀里糊涂，对自己的孩子非常不了解，只是按着传统的方法，或者父辈传承给自己的方法施教。《孟子·尽心下》中说：“贤者以其昭昭，使人昭昭，今以其昏昏，使人昭昭。”遗憾的是，我们的很多父母是后者，而不是前者。

有一个初二的男孩不上学了，父母也打也骂，也找班主任来家做工作，都不管用。妈妈打听着来到我的工作室，说：“听说你很有办法，能让孩子好好学习，那些不上学的孩子你都能让他们找到动力。”

孩子说过为什么不上学吗？

孩子觉得上学是在浪费时间。他从小成绩非常好，总是考年级第一，并且分数高出一大截。一学就会，学得很轻松。从五年级开始，也不知道从哪里听来的，说可以跳级，于是，就总想着跳级。他爸爸骂他，说他不本分，不踏实。每年到了期末考试前，他就烦，说自己都学会了，还要一遍遍地复习。初一期末考试前一个月没上学，但还是考了第一名。现在又要复习考试，他又烦了，又要求跳级，说要直接参加高考。这怎么行，哪有飘着脚走路的！不答应他，他就不上学了。怎么打也不去，人家在复习考试，他在学大学的微积分。实在没有办法了，我就把他赶出家门，甚至给他脱光衣服，即使这样，他也不去。

除了学习，孩子学过别的什么吗？

不敢让他学什么，一学就刹不住车。四年级的时候，学国际象棋，全国比赛拿奖；后来学电脑动画制作，他们学校从来就没有人拿过奖，他拿了全国金奖。

为什么不敢让他学呢？

他学起来就上瘾，痴迷而又投入。我们害怕他耽误学习，误了正事。平时都是把他关在家里，好好看着他，生怕他又要这样那样的。但是，看着看着不知道什么时候，他自己就学会了吉他。有一次，同学过生日，同学的妈妈说他弹了好几首曲子。同学们都叫他天才。

同学都说他是天才，你怎么看呢？

他就是学得快，什么东西看一眼就学会了。从小爱看书，很多书读一遍就记住了。但是，学得快也得按部就班，踏踏实实，和同龄的孩子一样才是。学扎实了，不就考得更好吗？有些孩子平时看着考得很好，考大学的时候却考不出成绩来，我们就是担心他学不扎实，到时候考不上个好大学。

是不是他和同龄孩子一样按部就班上学，你们心里就踏实了？

是啊，我父母一直教育我们做人要踏踏实实，要随大流，不要闹个别，和别人不一样。

“你很可能生了只鹰，却当鸡在养。”我不无遗憾地说。

她一下子愣住了，疑惑地看着我。

“听起来，你儿子像是超常儿童。”

“超常儿童是什么？是那些天才吗？我们普通人家哪有什么天才！”她有些兴奋又不以为然地说。

那我们就一起了解一下超常儿童吧。

根据心理学家的观点，一个儿童只要在心理活动任何一个方面的表现，比同龄人的平均表现高出两个标准，或高于比自己大两岁的儿童的平均表现，那么他就可以被认为是这个方面的超常儿童。

在我国，超常儿童占整体儿童群体的比例大约是 1%~3%。

超常儿童有时会被误认为是问题儿童。中科院施建农教授是专门研究超常儿童的专家，他说：以前由于人们不了解超常儿童，不能认识超常儿童的特殊行为方式，而把超常儿童看成是问题儿童。由于超常儿童具有比较特殊的心理特征和行为表现，在一个为大多数儿童设置的普通教育班里，一些超常儿童就会显得很不适应，有的就被认为有行为问题或学习习惯问题，而被老师和家长当成问题孩子来对待。

根据中国科学院心理研究所研究员查子秀及其所领导的中国超常儿童研究协作组的研究发现，超常儿童——至少智力超常或学业超常的儿童，具有这样一些显著的特征：记忆力强、观察细致、思维敏锐、推理能力强、语言流畅、注意力集中、自信心强、好奇心强、精力十分旺盛等。这些特征也就成了鉴别超常儿童的主要考察因素。

我说："好好想想，你儿子是不是具备这样的特征。如果是的话，建议不要过分限制他，要尊重他的个性，按着他的特点进行教育。很可能学校正常教授的科目，他是吃不饱的。"

"哦，还有这样的事，我们家也没出什么大官，谁想到他会这样？这样说起来，我们是耽误了他？"她陷入了沉思。

从她的描述来看，这个孩子应该是超常儿童。但是，由于父母没有这方面的知识，所以总用世俗的眼光看待他，用传统的方法教育他，当他不按父母的套路走的时候，就被打骂，被逼迫就范。然而，这些孩子生命里有超强的求知欲和创造力，是外力无法消灭的。外力的阻挡只能使之扭曲，如果继续使用不合理的教育方法，比如打骂，随着孩子长大，到了青春期，那就不是学习和上学的问题了，很有可能造成孩子精神上的错乱和性格上的严重扭曲。本来是一个优秀的人才，到头来，父母恐怕连一个健康的孩子都收获不到。

这是孩子有超常能力，父母没有认识到，以致造成摧残和伤害的例子。还有一种情况，父母对孩子的情况有正确的认知，也知道孩子智力水平不高，学习能力一般，但就是不想接受，不愿意接受，不甘心接受。

有个大三的男生找到我，说自己抑郁了。平时睡不着觉，吃不下饭，体重明显下降，一米七五的个子，瘦到只有五十二公斤。更重要的是最近不想活的念头天天折磨他，他觉得活着实在没有意义，但是他又不敢死，连死的勇气也没有，所以很痛苦。

我问他去医院检查过吗，他说高中就检查过，说是抑郁症。医生要开药，但是妈妈不信，说是闲的，好好努力学习，就啥事也没有了。那时，我不敢说什么，因为她对我的期望太高了，总想让我考名牌大学。说实在的，我自己心里清楚，我就不是那块料。但是，妈妈就是不认。为了实现她的想法，从小她就陪着我学习，每个周末都上补习班，并且是一对一那种，花了很多钱。老师说我学得慢，不如别的同学。但是，她仍然不信，说只要功夫深，铁杵磨成针。我不敢松懈一点，但是成绩依然平平，没考上 211 大学。为此，她哭了三天，我们家三天没做饭。

送我到大学后，又发誓让我考研，考 211 或者 985 大学。可是，我现在的成绩还是很一般。我想本科毕业就上班，实在不想再考了。我没有很高的要求，比较喜欢汽车，开个汽车方面的小店养活自己也很好。可是，她坚决不同意，表面上说随便我，但是，考研的有关材料都帮我准备好了，一放假回家就逼着我学习。我感觉有一种无形的力量压在头上，随时都可能窒息。

不用问，就知道他妈妈的理由：“这不都是为了你好，考个好大学才能有个好工作。大学没考好，考研上个好大学弥补一下也好。”这也是很多父母普遍的想法。在这些父母心里，考上好大学就是孩子将来幸福的唯一出路，只要能有一线希望，就往这个方向上赶。他们没有想到也永远不会明白，这样做看似是在帮助孩子追求幸福，其实，恰恰是牺牲了孩子的幸福。

每个人都是不一样的

一位真正的好妈妈是不会这样做的。好妈妈首先要了解孩子，认识孩子，要知道孩子是千差万别的，哪怕是自己生的两个孩子，可能也会有天壤之别，不能一样要求。

人的性格、能力、气质类型是很不同的，心理学上对此有很多研究。古罗马医生盖伦（Galen）根据希腊医生希波克拉底（Hippocrates）的“体液说”提出了四种气质类型理论，即多血质（具有过多的血液，充满活力和动力）、胆汁质（具有过多的黄胆汁，容易被激怒）、抑郁质（具有过多的黑胆汁，通常表现为忧郁和悲哀）、黏液质（具有过多的黏液，使人迟缓或者懒惰）。九型人格理论（Enneagram）根据人的心理活跃程度，以及规律性、感兴趣的范围、反应的强度、心理的素质、分心程度、专注力范围 / 持久性等，将人分为九种类型，分别是：1 号完美型、2 号助人型、3 号成就型、4 号感觉型、5 号理智型、6 号忠诚型、7 号活跃型、8 号领袖型、9 号和平型。不同的人，性格明显不同，这被很多用人单位广泛采用，以选拔不同岗位的人才。

瑞士心理学家荣格（C. G. Jung）则提出了心理类型说。他将人格分为内向型和外向型两大类。前者在性格上喜沉静，易羞怯；后者则好活动，喜社交。

当然，关于人的个性差异，还有其他学说，此处不一一列举。

上述知识足以让我们知道，每个孩子都是不一样的，就像世界上没有相同的两片叶子一样，更没有两个相同的孩子；不同的个性只有价值的不同，而没有优劣之分和高下之别。正因为不一样，才有大千世界的丰富多彩！《礼记·中庸》云，“万物并育而不相害，道并行而不相悖”，说的就是世间万物，各有各的生长之道，却能共同发展而不彼此损害。这一理念充分体现了中国传统文化中的“尚和”精神。“尚和”就是“和而不同”。

所以，父母一定要了解自己的孩子，并接纳他本来的样子，顺着生命的纹理去养育、调教孩子。不能自己分明生了个林黛玉，却偏偏要求她像张飞一样耍大刀；分明生了个孙悟空，却偏偏要求他像唐僧一样沉稳安静慢念经。像前面讲的那个喜欢汽车、爱好动手操作的大三男生，开个汽车店，或许就是他最大的幸福，这有什么不好？在这方面认真做，也不一定就做不大，就一定比研究生毕业找工作上班过得差。为什么一定要按照妈妈设定的目标去做！难道非要孩子为此得了抑郁症，甚至自杀，才能让父母们警醒？

俗话说，种瓜得瓜，种豆得豆。这是人人都明白的常理。种瓜偏要得豆，种豆硬要得瓜，谁都视为荒唐！但愿这道理用到自己孩子身上时，父母们不要犯糊涂。

别让光环成为孩子心灵的紧箍咒

有远见的慈爱的母亲，因为你善于避开这条大路，而保护这株正在成长的幼苗，使它不受人类的各种舆论的冲击。趁早给你的孩子的灵魂周围筑起一道围墙，别人可以画出这道围墙的范围，但你应该给它安上栅栏。

——卢梭

负重前行的大学生

欲戴王冠必承其重，这法则适合成年人；对于孩子，让他过早地承受超过他生命力的东西就是伤害，不是外伤，而是内伤。所以，不要过早地给孩子戴上太多光环，更不要让他生活在只有掌声的环境里。鲜花和掌声是很难拒绝的诱惑，夸奖和赞美对孩子有着无比巨大的吸引力，像他们的眼睛天生喜欢五彩斑斓的颜色一样，他们的耳朵也会到处追逐夸奖和赞美的声音，如果再有点物质和仪式的表示，他们就会更加陶醉其中。那些光环会成为孩子心灵的紧箍咒，以至于让他们失去自我。

他是大三男孩，中等个子，体态较胖，说话慢条斯理，如同他的行动一样沉稳。他说，大三了，面临考研和保研的选择，自己非常焦虑，整夜整夜地失眠，很担心抑郁症复发。

曾经得过抑郁症？

（他立刻变得严肃起来，皱起眉头，沉思了一会儿说，得过抑郁症，并且是重度。）

那是高二下学期，期中考试前，自己完全崩溃了。失眠、没胃口，体重降到一百零八斤。早上起床是最困难的事情，浑身像灌了铅，瘫在床上，动不了；想要爬起来，却心慌，心悸，头疼，只想死了算了。家长不敢说话，一说我就发火，就流泪。我也不想这样，但是无法控制。

考前的一个晚自习，我在教室里情绪崩溃了。压抑得想爆炸，用圆规扎手，看着血流出来，眼泪也哗哗地流。把我同桌吓坏了，告诉了老师，老师让家长带我去医院检查，结果是重度抑郁，重度焦虑，于是开始服药。

一直到大二上学期才有了好转，不再有窒息般的压抑情绪出现。但是我并不轻松，经常被自责和内疚折磨着。不论做什么事，总感觉自己做得不够好，只要玩一会儿，过后就会自责，感觉太放纵自己。我一直很努力，但是经常无法集中精力非常专注地学习，现在成绩也不够好，保研的话可能保送不到好的大学，这样我就必须要自己考，但是现在又失眠，精力也不集中。我非常担心自己考不上，同时保研也耽误了。

你是说现在有两个担心，一是担心抑郁症复发，一是担心研究生考不上，是吗？

其实就一个担心，担心抑郁症复发也就是担心影响学习考不好。

这样看起来，考研排在健康的前面。（我笑了笑说。）

我必须考上，否则我不能原谅自己。高考已经失败了，如果考研再失败，我的人生就一塌糊涂，彻底完了。

你说高考失败了？可你上了这么好的大学。

只是一般985，我本来应该上清北，从小大家都这么说。

从记事起，所有人都说我聪明，刚上小学我就知道将来我要上清华北大。虽然那时候并不知道清华北大是什么，但是我知道，那是只有像我这样的孩子才可以去的大学。妈妈说，上清华北大不仅要学习成绩好，各方面的表现也都要优秀。从此，我努力准备，除了学习，还要学各种特长，参加各种活动。小学五年级我就考完了钢琴10级，跆拳道黑带，还学了萨克斯，参加各种英语比赛，国学演讲比赛，各种社会实践，各种夏令营，各种志愿服务。妈妈说这一切都能为将来上清华北大加分，所以哪个方面我都要做好，总觉得如果某件事做不好，我就不配上清华北大。

初二那年，因为体育课打篮球把脚崴了，放弃了参加全省的中学生辩论赛决赛。前前后后一两个月的时间，我都没有安心学习，总感觉这件事做不好，我的人生就完了，我就不配上清华北大。反正，每件事都必须做好，一旦做不好，就总有这样的感觉。

第一名的学习成绩一直保持到初三，各种比赛也都拿奖。爸爸把客厅正中间的那面墙装饰成我的荣誉墙，奖状挂满了一面墙。

那时候，随时都会被表扬、肯定，我生活在鲜花和掌声中。当然，我也非常自律，从来不轻易放纵自己。八年级元旦晚会时，妈妈鼓励我放松一下，不要整天一本正经，可以给同学们讲个笑话。但是我想了很久，还是没敢，因为我怕。我怕讲完笑话，我的班长形象就毁掉了，怎么可能再去严肃地维持纪律呢。

从小当班长，大家也一直评价我天生就是一个领袖，将来会成为国家领导人。为了成为普京那样的领袖，我每天练臂力，练肌肉。但是妈妈说得最多的还是那些伟大的科学家，爱迪生、爱因斯坦、袁隆平、钟南山，这都是我的榜样。他们的事迹我都认真去看，然后用他们的标准来约束自己。

我从来没有玩的时间，所有课余时间都用来学习特长。当小伙伴们在院子里疯跑的时候，我在聚光灯下领奖。我觉得很骄傲，院里的叔叔阿姨都拿我当作孩子们的榜样。所以我分外珍惜课余时间，多学东西心里才踏实，我从来不让自己闲着。

初三那年，我被提前半年选拔进入高中衔接班，这个班里都是全市各学校选拔上来的顶尖高手。我发现我的学号是四号，第一天我就很崩溃，盯着学号瞅了半天，又把前三号同学找出来，一个一个认清楚。每次上课，我都观察他们的反应，横竖发现不了他们哪里比我强，但是他们成绩就排在我前面。我很不服气，更加努力，除了在学校拼命学，晚上放学回到家，再多学一个小时，每天晚上十一点半后才会睡觉。

第一次月段考试，拿回了第一名，心里舒服了一些，但是更不敢松懈，感觉周围全是高手，随便一个人都可能随时超越我。而且他们似乎都学得很轻松。为了不让别人感觉我是笨蛋，我努力装作轻松的样子，下课不学习，并故意大声说话，只在背地里偷偷下功夫。

但是，到期中考试我居然考了第六名。那晚放学，爸爸接我回家，我在车上便忍不住大哭，回到家第一次直接躺在床上，没有学习。我呆呆地躺着，眼泪止不住地流，感觉完了，我的整个世界都坍塌了，我的清华北大梦完全破碎了！我感到自己非常无能，一无是处，老师们也不再关注我，班长也不再是我了。我已经什么都不是，我就是一粒微尘，一粒被整个世界忽略的微尘，没有人会在意我。在别人眼里，我就是一个一直努力但考不出好成绩的笨蛋。

但是，我不服气，凭什么他们能行！于是我加倍地努力，把周围的每一个同学都当作我的对手，不敢小看每一个人。尤其看到班长诙谐幽默轻松自如，玩得那么潇洒，仍然能考第一名，我心里总是很难受，有一种说不出的滋味。看看他，再看看自己，感觉自己就是个渣渣，啥都不是。

上课面对要背诵的内容，我必须先提醒自己，你能行你能背过，否则我就真背不过。数学课，我总是做题很慢，有一种声音总在告诉我，你这个笨蛋，你完了你啥都不是，我必须甩甩头甩掉这种声音才能专心做题。别人吃饭的时间我都在看书，晚上放学后学习的时间一点点延长，但是成绩不见起色反而下滑，到高一期末考试，考了第七名。

高一那个暑假我一天都没玩儿，完全按照学校的作息时间在学习。但是我发现，我已经很难集中精力专注地学习了，时间用上了，效率却很低。我再也听不到表扬、肯定和赞美，我的世界似乎一下子冰冻了。我艰难地爬行，但是成绩持续下滑。我假装毫不在乎，表现得很乐观。坚持到高二，整个人终于绷不住了，压抑、烦躁……原来我已经得了抑郁症。开始服药后，我努力劝自己只要能学就行，上个普通大学也好。可是，一提到普通大学，我就几乎要发疯。在我的脑子里不敢想大学，更不敢想清华北大。高三那年，半年没有去学校，好不容易硬撑着高考，考了个一般的985大学，虽然没有我想象得那么糟糕，但我一直不能原谅自己。从进入大学的第一天起，我就决定一定要考上清华北大的研究生。

抑郁症慢慢好了，大二上学期停止了服药。成绩在专业排名第一，英语四六级高分通过。但是，我总感觉不满意，总认为自己可以做得更好。考研日期迫近，每天都很压抑很烦躁，非常非常担心像高中一样，抑郁症复发，考不上清华。那样真的就完了，我这一生就废了。

他说着，开始喘粗气，有些紧张压抑。

从他的诉说中不难看出，这是一个被戴上了紧箍咒的孩子。“你是最聪明的”“你是最优秀的”“你一定能上清华北大”……这些声音开始时来自家长，蔓延开来，周围的人也跟着迎合，于是从小就刻进了孩子骨子里，融进了孩子的血肉里，使他真的认为他就是这个世界上最聪明最优秀的。同时，各种花样的鲜花、掌声、霓虹灯以及不绝于耳的赞美声也在不断加强这种认知，让他对此坚信无疑。

结果，“最聪明”“最优秀”成为他的核心信念，“上清北”成为他的“应该”，这一切编织成了套在他身上的紧箍咒。他从此就用这样的标准来要求自己，努力做好不是最重要的，必须得到赞赏才能满足。他哪里知道，随着长大，这个紧箍咒会越来越紧，会慢慢勒进肉里，疼痛难忍。他必须更加努力，以获得更多的赞美来减轻疼痛。可赞美只是麻醉药，麻醉只是暂时的，而不时的清醒会让他更加痛苦，让他更加不愿意面对这个遍体鳞伤鲜血淋漓的自己。看到周围优秀的人越来越多，他不服气，不甘心，不承认，但他丝毫不知道这只是一个谎言的破灭，世界上哪里有最聪明最优秀的人！

用逃避来伪装优秀

无法战胜对手，便对自己狠狠地攻击，就像犯困的孩子拧自己的大腿，撕自己的头发。他开始对没有表现好的自己讨厌、指责、愤怒、厌恶，越是这样，那个“自己”就变得越弱小。他的自信因为受到残酷打击而瑟瑟发抖，没有了自信，就无法从容地表现出优秀，继而感受到强烈的绝望、无助、无意义、无价值。他骂自己，恨自己，与自己斗争成了他最大的功课。就像要抓着自己的头发把自己提起来，这使他心力交瘁。

可见，当一个孩子一旦从小被好名声包围，他便会从此认同这个好名声，而这个好名声一旦遭到破坏，他便会陷入自我撕扯之中不能自拔，严重的甚至会陷于精神分裂而毁了自己的一生。

当然，也有的孩子会选择逃避。他们从小被表扬长大，一旦到了更优秀的人群里，因为忍受不了“紧箍咒”带来的疼痛，便会下意识地回避，并巧妙地找到一个替代性“优秀”让自己内心暂时平衡。

一个高一的女孩，初中一直是第一名，上高中后，进了实验班，排名十七。刚开始她非常着急，学习很努力，但是慢慢地，妈妈发现她学习开始失去动力，成绩明显下滑。妈妈很揪心，于是带她来做咨询。

女孩一副无所谓的样子。我问：“有什么想说的，我能帮助到你什么？”她非常轻松地笑笑说：“没什么，我很好，是我妈让我来的。”

“你妈妈为什么让你来呢？”

“大概觉得我的成绩不好吧。其实，无所谓，我看开了，考不好也不会像他们那样哭哭啼啼。他们都羡慕我非常乐观。”

我微笑着看着她。她把目光移开，继续说一些不着边际的班里发生的事情，大致是怎么一起玩儿，怎么不在乎学习，怎么因为玩儿耽误了做作业，以及怎么玩游戏，等等。说起话来，一副吊儿郎当的样子，每一句话都在强调自己喜欢玩儿，不在乎学习，面对成绩心态好，乐观，看得开。

我只是看着她，什么都没说。她一直在说，看得出来，她很紧张，不敢停下来，不得不用过多的琐碎无意义的话填满我们俩之间的空白。确切地说，她不敢面对我，其实就是不敢面对正在说谎的自己。

终于停下了，我深沉地问了一句："你确定，你不在乎现在的成绩?"

她敛住了笑容，沉默了。

"你确定面对这样的成绩，你真的看得开？"

她垂下了眼睛。

"你确定面对十七名的排名，你的乐观不是装出来的？"她的眼泪开始夺眶而出，满不在乎的样子一扫而光，开始不停地擦眼泪。

"你确定你真的不在乎学习，只想着玩儿？"

最后的防线终于崩溃，她呜咽了。

"我不是不在乎学习，我非常着急，但是上高中后，班里强手如林，我根本数不着。面对一次比一次更惨的成绩，我只能强装笑颜。每次考试之后，大家都很难受，可是他们会觉得我很乐观，都羡慕我心态好。"她边说边哭。

"我在逃避……"她哭得稀里哗啦。

这个孩子就是典型的逃避型人格。当她进入一个优秀的群体，不再是那个从小被表扬的 No.1 的时候，她就会努力找理由和借口捍卫自己的优秀。她不停地强调自己喜欢玩儿，言外之意，考不好是因为玩得多，而不是我不聪明。从小被表扬的"聪明"是坚决不能丢的；表现出对差成绩满不在乎，是因为这种“乐观”被多数受伤的同学追捧，投来崇拜的眼神，连她的妈妈都以此为骄傲，不停地对我强调这个孩子心态好、乐观。这种赞赏可以使她的心灵暂时得到平衡，对她受伤的内心是一种抚慰。

当她从小的优秀被击碎的时候，她会依赖这种感觉，于是就越发表现得满不在乎，看得开。其实，对于她的现状，如人饮水，冷暖自知，她只是假装乐观罢了。久了，连她自己都麻木了，不知道哪个是真正的自己。她一边装作若无其事，一边暗地里偷偷咀嚼不够优秀的痛苦，这种撕裂早晚会导致心理问题发生。

在辍学的孩子中，有很多相似情况发生。他们都是从小被一味表扬聪明的孩子，一旦被别人超过，紧箍咒就起作用，而他们并没有抗挫折能力，自信会瞬间坍塌，而且很快便缴械投降，彻底放弃自己。

有缺点才是正常的

聪明是好事，但夸大聪明，过分强调聪明，对孩子来说就会是灾难。当一个孩子的聪明被强调的时候，靠聪明获得太多的赞扬，会直接影响他自我的建立。对于一个小孩子来说，在自我建立的过程中，外在的评价会给他重要的引导，但过多的赞美会让他错误地认为，人们夸大其词赞赏的那个孩子就是他自己，而不知道这只是他良好的素质表现出来的样子，是外表，是部分，而不是他的本质自我。

人就像一个正方体的盒子，如果只注重在外面六个面上涂画，看起来可能会非常美丽，但内在却是空虚的，不过就是个漂亮的纸盒子。而赞美、表扬、夸奖和崇拜的目光会使人膨胀，喂养他的人越多，他就越渴望得到，如果突然失去这种声音，他就会六神无主地四处张望，努力搜寻。而不断追逐赞美和表扬，注意力便会偏离自我建构，发展出爱慕虚荣，而虚荣对一个人的危害，怎么说都不为过。

同时，太多的表扬会放大优点，掩盖缺点。他会认为自己没有缺点。一个认为自己没有缺点的人是多么可怕！他不允许自己有一点不好，他会用极其苛刻的标准要求自己，让自己始终处在高度紧张之中。他因此没有丝毫接受自己不够优秀的能力，只要让他连续几次挫败，就可以彻底毁掉他，因为他对自己没有正确的认知。

智慧的父母要像一面镜子，始终让孩子看到他真实的样子，面对优秀要让他知道，那是努力的结果，成绩只说明付出，代表努力，而不是他天生的样子，没有谁天生最聪明、最优秀，优秀是靠努力获得的，只有努力可以让人更优秀。尊重真实，传递真实，才能帮孩子正确构建自我，而能够正确构建自我，是孩子心理健康和成熟的重要标志。

不要把孩子养成宠物猫

拼搏的动力来自需求，当一切无忧时，拼搏也就失去了存在的意义。如果一个人从出生便被喂养得安逸舒适，不需要任何努力就能得到他想要的，时间久了，他就自然失去了生活的动力和能力。

被娇惯的男孩

宠物猫基本都不会捉老鼠，有的看见老鼠吓得拼命跑，有的会和老鼠一起玩，看起来怪怪的，好没逻辑。

宠物猫为什么不会捉老鼠？因为它们是宠物，它们每天被喂养得十分安逸，从来不需要为食物付出努力，什么都不需要做，只要主人喜欢，就会被照顾得无微不至，它活着的全部意义就是听任主人摆布，让主人开心。它不知道为什么要抓老鼠，也从来没有练习过，自然就失去了抓老鼠的能力。

对于一只宠物猫，只要活着就是博主人开心，至于自己是不是开心，也就无所谓了，它就是一只猫，一只不会说话的猫而已。但是很多父母把孩子也养成了不会抓老鼠的“宠物猫”，剥夺了他的“饥饿感”，剥夺了他理应具备的拼搏奋斗的能力，这就非常可怕了。因为等待他的是生存的困难，这些甚至会让他成为一个废人。

眼前这个高二男孩，聊兴正浓，半个小时的谈话，似乎让他恢复了信心，对于认真学习也跃跃欲试，已经不像他妈妈说的那样厌学了。

“要补上落下的功课，需要付出更多的时间，你怕累吗？”我轻轻地问了一句。

沉思良久，他弱弱地说：“说实话，我怕。”

这是我听到的最真实的回答，每一个字都完全发自心底，不带丝毫掩饰，我感动于他的坦诚。不费吹灰之力将刚刚筑起的长城轻轻一推，荡然无存。

说完，他望着我，淡淡地笑着；脸上干干净净，小麦色的皮肤透着亮光，几根毛茸茸的胡须贴服在上翘的嘴角上，露着两颗洁白的小虎牙；薄薄的单眼皮，眼睛笑成月牙儿，高领白毛衣托起稚嫩的小脸，周身上下纤尘不染。

他笑得很纯净，很坦然，让人不忍心要求他去做什么。他也明确表示不想去做什么，所以，他的问题暂时无解。至于以后怎样，也不是一句话的事，更不是一时所能解决的。

当我和他妈妈说明情况的时候，他妈妈再一次哭了，说：“打也打了，骂也骂了，说实在的，这两年因为他不好好上学，他爸简直像恶魔一样对他。可是没有用，他现在是软硬不吃，油盐不进。

小时候，他非常听话，学习成绩中游。我们从来没有要求他非要学得多么好，只要能跟上趟就好。

因为他身体不好，经常感冒发烧，所以生活上对他照顾得特别多。从小吃的食品，奶粉、鱼、肉、水果等，都是从韩国和美国发过来的。为了让他多吃点，一直到初中还喂饭。现在，吃鱼虾和一切带皮带骨的东西，都是我们扒好，给他放到碗里或送到嘴里。什么也不用他做，只要学习就行，但从不见他学习。回到家，书包一扔就看电视玩游戏，水果不塞到嘴里也不吃。

初中时成绩还可以，上了高中，成绩开始快速下滑，第一个学期末就倒数第一了。倒数第一也不要紧，只要学，总能高中毕业，好歹考个大学，拿个文凭就行了。可是，高一下学期他就三天两头请假，要么头疼，要么胃疼，最后两个月直接不去学校了。没办法，只好给他办了休学。

重新上高一后三个月，又说在那个班不行，给他调了班，但还是动不动请假。为了哄着他好好上学，他想要什么就给他买什么。车模堆了一屋子，电摩也买了；喜欢时尚衣服，要一件就给他买两件三件；特别喜欢鞋子，这不，光鞋子就有七十多双。

高一跌跌撞撞上完了，谁想到上了高二，他又开始闹，三天两头不想上学。我们实在没有好脾气对他了，加上公司又摊上很多事，他爸爸就特别暴躁，所以一说不上学就揍他。半年打了三次，这一次直接用皮带抽他，现在，吓得我不敢让他爸爸知道他请假。但是，现在我怎么说都不听，一说他就火冒三丈，发起脾气来简直就像发疯。

前段时间非要去打电竞，说自己有打游戏的天赋，《王者荣耀》已经打到亚洲前五百名。实在没办法，我有一个朋友在北京，是一个很出名的电竞教练，就把他送去了。结果不到两天就跑回来了，他根本受不了那里的训练强度。每天从中午一直打到凌晨三点左右，只在傍晚吃一顿饭，他怎么会受得了那个苦！而且他的水平比专业选手差了不是一个量级。回来后不嚷嚷着打电竞了，但仍然不上学，说自己都落下了，什么都不会，上课坐着很难受。

在家里晚上不睡，早上不起，整天赖在床上，饭都是保姆端到房间，还嫌不好吃，天天订外卖。

他爸爸狠狠心想让他去打工，可是他哪里都不去，说自己未成年，不能打工。从小衣来伸手，饭来张口，他才不会去干活呢。

想不给他钱吧，又怕他饿坏了身体，给钱就在家玩，就是不想上学，谁说也不听。

这位妈妈说完了，哭完了，擦擦眼泪，苦笑着。

看着她无奈的表情，想想她刚才说过的话，一句古训立马跳了出来：娇子如杀子。这位母亲对孩子的所谓爱，对此作了再好不过的诠释。她对孩子的这种爱，其实不是真爱，而是一种娇惯，是溺爱！用丰富的物质包裹起的是孩子弱小的内在，只注重躯体的养活，却忘记了孩子内心的培养，从小的娇纵让孩子懒惰、懈怠、浮躁、傲慢。

溺爱、过度满足就是不负责

学习本来是他自己的事，他是应该对自己的事负责的，这是他的责任，但是习惯了被照顾的他并不知道责任是啥，因为他从小就没有承担过任何责任。

责任心是在日常生活中培养起来的，从自己吃饭、自己穿衣服开始，到整理自己的书包，给回家晚的父母做一顿热乎乎的饭，帮着父母看好弟弟妹妹，等等，责任心的培养就是这样落地的。反之，一个事事都被照顾好、从来不需要付出的孩子，从来就不知道什么是责任，他又怎么会对自己的学习负责呢？所以，那个高二男孩才会很坦诚地说出自己的想法：也想学习，但我怕累。

咨询中发现，厌学直到辍学的孩子，十有八九是被这样无微不至地照顾的。到最后，孩子不上学，家长丝毫没有办法，造成这种结果，往往就是因为前期的溺爱。

溺爱一方面剥夺了孩子精神上的“饥饿感”，使孩子丧失斗志；另一方面让孩子没有原则和规矩，不知道害怕，没有敬畏，见到困难就退缩，从来不会考虑后果。上学不舒服，觉得难受，就不上学，至于以后怎么样，他们不管；或许明白将来没有大学上，就没有好工作，但明白也只是理论上，停留在书本上或者别人的说教里，他们并不真正知道后果是什么，就像对一个从来没尝过苦瓜的人说，这瓜是苦的，他毫无感觉是一样的。因为他们没有亲身体验，不知道后果的严重，所以，他们后退时没有顾虑。

过度满足，孩子便不懂感恩。咨询中很多家长会痛哭流涕，是因为孩子不懂事，不懂感恩。他们流下的是伤心的泪，是委屈的泪。他们通常会说：“我这么拼命全都是为了他，一切为了他好，什么都不用他做，啥都给他伺候好，可是他一点也不知道心疼我。我没日没夜地拼命干，累得爬不起来，他就像没看见一样，好像一切本来就应该这样。”

不是吗？在他看来，的确是一切本来就是这样，因为他从小就生活在这种模式里。他心中觉得生活不就是这个样子吗，我要吃水果，那就是削皮切块插牙签的；我要吃饭，就是不凉不热摆上桌的；我要去上学，爸爸就要把自行车给我推出楼道等着；我过生日，全家都来送红包，要请所有能来的同学一起 happy。你给他方方面面的满足，让他成了上帝，他就会以上帝的视角看问题，想要什么，只要一想就有了。一旦有所变化，你忙得腾不出手来时，让他自己洗苹果，他便愤怒了，要么不吃，要么大吵。在他的字典里，他的欲望没有得到满足，是你错了，你破坏了规矩，是你对不起他，他怎么可能不生气，又怎么可能听你解释呢？

人的欲望是无穷的，开始他只要一个苹果，你可以满足，慢慢地他就想要星星。总有一天，你是无法满足他的。得不到满足，会让他愤怒，他会觉得是你们对不起他，全世界都对不起他，一肚子怨恨，怎么可能感恩呢？感恩是对努力之后的得到或者超出自己预期获得的谢意，而他的获得从来不需要努力，又怎么会产生感恩之心呢？

不需要努力，也就没有追求，生活平淡如死水，整个人会越来越慵懒；生活中每向上攀爬一小步，对他来说，都将成为难以翻越的大山。他才不那么傻呢，躺着就被伺候得这么周到，谁还会努力拼搏？久而久之，生命里本有的好奇、探索、进取之心等等，就都消失殆尽了。这时候，父母再想管理，已经晚了。

爱是有限度的

孩子成长没有回头路，每一种品格能力的培养都有关键期，错过了就无法弥补。

智慧的父母懂得什么才是真正的爱，懂得真正的爱是有限度的满足，懂得保持孩子精神上的“饥饿感”，以培养孩子各种优秀品质。所以，你会看到优秀孩子的父母，都会从小让他自己吃饭，保护他探索的兴趣，哪怕饭菜掉一地；让他自己穿衣服，充分感受“自我”的存在；让他自己洗衣服，体验劳动的艰辛，培养责任意识；让他尽可能多地干家务，让其参与生活，收获智慧；帮父母做饭，让他懂得为别人付出，学会感恩。在物质方面，从来不会过度满足，这与家庭是否富有没有关系。即使家财万贯，那也不是用来宠坏孩子的。但是，特别可悲的是，在现实生活中，贫穷人家也培养出了不少“富二代”。

他们经常说，“再穷不能穷孩子”“要富养孩子”。其实，他们完全曲解了这句话的意思。这里的“富”可不是物质的极大富足和无限制的物质满足。对孩子来说，物质的富足并不是真正的富足，真正的富足是品格的健全，精神的高贵。过度满足恰恰消耗掉的是精神品格的建设，首先摧毁的是孩子奋斗的内驱力，然后，消耗掉的是孩子的生存斗志。

所以，智慧父母从小都会首先注意孩子优秀品格的培养，如善良、正义、自信、责任、节俭、勇气、利他、吃苦耐劳等等，并注意保护孩子的好奇心、求知欲、探索精神，使其精神常常有一种“饥饿感”，常常有一种“我想要”的冲动，这样他才会有生活的动力。如此，他才会不断向上生长，即如尼采所说：一棵树越是想往高处和亮处升上去，它的根就越发强有力地拼命伸往地里，伸向下面，伸进黑暗里，伸进深处。

强制“听话”捆绑住心灵的成长

帮助孩子确立自我价值感，建立自信，学会爱与被爱，让他们愿意学习新的东西，愿意去冒险，是每个家长留给孩子的最好礼物。

——孟德斯鸠

靠近心灵的对话

生命的意义在于丰富多彩，越有价值的人生，体验越丰富；感受的缺少、思想的贫乏会导致生命过早枯萎。

这个八年级的小男孩来到我的工作室，满怀崇拜。因为他的姐姐在高中时曾经从我这里获得了力量，走出了迷茫，姐姐说她由此改变了人生。他的姐姐是怎么描述我的，我不知道，只见小男孩一直盯着我看，一双乌溜溜的大眼睛充满好奇，似乎他所有问题的答案都写在我的脸上。

男孩是妈妈带来的，他个子不高，尚未变声，属于晚成熟的那种，忽闪忽闪的大眼睛镶嵌在一张娃娃脸上，非常单纯可爱。

我问他这次来有什么问题，有什么困惑或者烦恼，希望我能帮助他什么。

他说：“我觉得什么都没有意义，最近脾气特别暴躁，经常跟妈妈吵架。我知道不对，但是我控制不住自己想发火，妈妈也经常唠叨，我就越发心烦。

“学习没有动力，上课不能集中精力，总是走神儿，胡思乱想，也不知道自己想什么，就是发呆，成绩不断下滑。妈妈非常生气，说李老师有办法，就让我来了。”

他一边说，一边不停地搓手，看出来有些紧张，但是说话很有逻辑，表达很清楚，态度也非常坦诚。

他说：“最近有一个想法一直出现，不想上学了。在学校里很没有意思，老师讲的东西听不会，背不下来，只能坐在教室里发呆。可是我不敢不上学，怕妈妈会生气。”

我笑了笑，看着他问：“这么说起来，这两天请假就是因为这原因喽？”

“是的，我不想去学校。”

“不去学校，在家里过得怎么样？”

“在家里也毫无意义，什么都没有意思。”

“那详细说说你请假在家一天怎么过的吧。”

“吃完早饭，爸妈都去上班，我就在家看点书，发发呆。到中午吃完饭，午休睡一觉。下午没事干，看看电视，还是发发呆。傍晚爸爸妈妈还没回来，我就出去溜达一圈。”

“你是说，傍晚你去跑步？”

“不，我不喜欢跑步，会出很多汗，我也跑不动。我只是很烦躁，像要爆炸似的，就出去沿着小区漫无目的地走一圈。”

“你是说在家里，也感觉到没有意思？那让我们来想一想，曾经让你觉得最快乐的事情吧。”

他眨巴眨巴眼睛，沉思了很久，说，没有。

我说没关系，可以往前追忆，到小学幼儿园什么时候都可以，只要让你开心和高兴的事情都可以说。

“那就是小学的时候，考完试，我得了第一名，爸爸妈妈很开心，我也很开心。或者发奖状的时候，我也很开心。”

“还有呢？上初中之后呢？”

“上初中之后就没有了。”

“那说一下你的爱好和兴趣吧。刚才你说在家里你会读书，你非常喜欢读书是吗？”

“没有，我只是拿书来翻，现在也看不进去。小时候我很喜欢读书，但是妈妈经常批评我读得太快。每次她给我买的书，我很快读完了。她总是非常怀疑，说我没有读，我就把内容讲给她听，她很惊诧，但是总在批评我，说我读得太快，囫囵吞枣学不到东西，让我慢一点。一本书翻来覆去读好几遍，她才给我买下一本。家里的书，我都读过好多遍了，《福尔摩斯探案集》大概读过十多遍吧，所以一点也不想再看。”

“除了读书，你还喜欢什么呢？”

“没有了。”他沉思了一下，笑了，很疲倦的样子，但笑容很甜。

“那说一说你上学的日常生活吧。”

“早上吃完饭，妈妈开车送我去学校，上课，发呆。中午在学校吃饭，午休。下午上课，发呆。傍晚吃饭。我通常不去吃饭，买饭还要排队，没啥好吃的。晚自习后妈妈接我回家，睡觉。”

“下课和同学玩儿吗？”

“他们都不和我说话。他们谈论游戏，我不知道，妈妈不让我玩手机。”

“他们谈论的时候，你在干什么？”

“坐着玩儿。”他仍然笑着，说得很平淡。

“你有多少好朋友？”

“我没有好朋友，小学时有一个，但是他去了另一个学校。小区里有三个同校的，妈妈不让我和他们玩儿，怕学坏了。”他无奈地垂下头，很委屈的样子。

当你看到这里，不知你会想些什么。看到这个孩子的这种状态，你还能淡定吗？会不会心疼？他的日子过得像不需要任何思考的钟摆，只是惯性地嘀嗒着，没有激情，没有意义。这哪里是一个十四岁少年该有的样子？妈妈带他来，为的是解决学习动力的问题，但是，你会发现，他岂止是学习没有动力，活着都没有力量了，小小年龄便毫无生趣，对他来说，日子只是一天天百无聊赖地重复，难怪如他妈妈所说，他会割腕，撕头发。

与环境隔离的成长

一个少年，本该充满活力，对世界充满好奇，为什么如此死气沉沉，了无生趣？

我不得不去探询他的成长经历。

他妈妈说："这个孩子从小听话，我们上班忙，他从小跟姐姐挂钥匙回家，姐姐做作业，他自己看书。姐姐比他大七岁，管他很严，他很怕姐姐，只要他俩在家，他就乖乖的，从来不敢调皮。他就是很听话，很让人省心的那种孩子。

"说他没有兴趣吧，小时候也给他报了兴趣班，写字、画画、国学班，后来都不学了。不学就不学吧，只要好好学习，考个好大学，找个好工作就行了。关键是，现在他学也不想上了。我们也不敢说他，一说就发火，发起火来很吓人，撕头发，用手砸墙，还用刀子划自己手腕。以前他可不会这样，他很听话。"

妈妈很无奈地说着，着急但情绪很稳定，看上去对孩子还是比较尊重，应该不是那种控制型的妈妈。

"你说上了不少兴趣班，有没有运动项目？"

"没有，没给他报运动的班，他不爱运动。"

“做家务吗？”

“从来不做，也不用他做，支使他干点活，还不够麻烦的。”

“也就是说，啥都不用他做，只要老老实实不惹事就行？”

“是啊，我们很忙，他不生事儿，就觉得很好，也没考虑他到底干什么，需要干什么。”

什么都不需要做，没有兴趣，没有爱好，没有朋友，没有伙伴，没有喜欢和热爱的东西……这是一个多么孤独的灵魂！这个世界在他眼中也是一片死一般沉寂的荒漠，没有吸引，没有热情，没有欲望，没有挑战，所有这些本该属于年轻生命的东西，在他的世界里，都不存在。他的生命似乎是夕阳下江边一叶闲置的扁舟，无目的，无意义，也不见风浪。

什么样的养育方式，能让孩子生长到这种状态？这让我一下子想到刚出生的婴儿，被妈妈用小被子紧紧包住，捆住手脚，就让他在被子里边慢慢长大。哭就给他喂奶，但不让四肢活动，久而久之，婴儿习惯了被捆绑，就会老老实实地躺在那里等着喂奶，老老实实地等人们给他各种玩具看，因为他已经习惯了被动接受，忘记了自我寻找。

眼前的他当然已经不是婴儿，但是看得出他的精神依然被“小被子”严重地束缚着，“很听话”，“不敢调皮”，老老实实被安排。

这种状态成长的孩子，要让他有学习动力，实在太难了，活着都毫无意义，学习算什么！

心理学上有一个著名的实验叫“感觉剥夺实验”。1954 年，心理学家贝克斯顿、赫伦和斯科特等，在付给被试学生每天二十美元的报酬后，让他们在缺乏刺激的环境中逗留。

具体地说，就是让他们在没有图形视觉、限制触觉和听觉的环境中静静地躺在舒适的帆布床上。

给他们戴上特制的半透明的塑料眼镜，手和臂上都套有纸板做的手套和袖头，在一个隔音室里，用空气调节器的单调嗡嗡声充斥其听觉。

开始阶段，许多被试都是大睡特睡，或者考虑其学期论文。然而，两三天后，他们便决意要逃脱这种单调乏味的环境。其中，很多被试发誓再也不会参加这样的实验。

实验的结果显示：感到无聊和焦躁不安是最基本的反应。在实验过后的几天里，被试注意力涣散，思维受到干扰，不能进行明晰的思考，智力测验的成绩不理想。另外，生理上也发生明显的变化。通过对脑电波的分析，证明被试的全部活动严重失调，有的被试甚至出现了幻觉（白日做梦）现象。

这个实验发人深省，它告诉我们，人是环境的产物，离不开环境带来的各种刺激，生命要和环境发生交互，才能茁壮成长。

“听话”的代价

生命靠外在丰富多彩的刺激滋养，刺激越丰富，生命越有活力。一个人被剥夺了感觉的时候，几乎等于毙命。

当一个生命单调乏味时，他怎么可能积极向上，又怎么可能努力学习！

这个孩子被安排用这样单调的方式生活，原因很简单，就是父母太忙了，没有心思把时间用在孩子的教育上。孩子老老实实听话，不惹事，按部就班，父母就省心放心了。

在不少父母那里，“听话”似乎也是培养孩子的一个高标准，孩子“听话”也会成为很多父母的骄傲。他们会认为这是自己教育的成功，却看不到听话背后隐藏的危险。在他们眼里，只有当孩子学习出现问题的时候，他们才会关注。

还有，这个孩子从小是在姐姐的严管下，老老实实成长起来的。他也曾经有过唯一一个爱好，就是读书，但又经常被妈妈呵斥。因为读得太快了，妈妈会限制他的阅读速度，一本书读了很多遍才买下一本。这已经不是奖赏，而是惩罚。这种做法让他产生厌倦和不耐烦，由对妈妈的厌倦和不耐烦，迁移到对读书这件事情的厌倦。所以到现在，书也不太爱看了。失去这个爱好之后，他的生命便成为一片荒漠。

身体的活力被限制的时候，头脑并没有停止疯狂的运转。生命的能量不用体力释放，头脑的思维活动就会变得疯狂。肢体越来越慵懒，头脑越来越活跃，渐渐地，他被胡思乱想控制了，走神发呆成了他的日常，身体像着了魔不能动。时间久了，他就会经常呆呆地坐着，生活在自己编织的故事里，嬉笑怒骂逍遥自在。而常常生活在故事中的人，就会迷失自己，远离人群，逃避现实。

集中精力于某件事情的人会感到愉悦、陶醉和体验到来自生命深处的幸福，会体验到生命的踏实、自在和平衡。而一个经常在胡思乱想中的人却恰恰相反，会妄念杂生，不受控制，慢慢地，整个人便喜欢生活在虚幻中。在那个全凭想象构建的世界里，他可以纵横驰骋，可以任意杀伐，他就是自己的王。而一旦回到现实，便处处受约束，处处碰壁，被自卑、渺小和无价值感追逐着，折磨着，于是，心灵便会习惯性躲进虚拟的世界，只把身体抛在那里，像冬眠的蛇，什么都不想干，什么都不能干。

而人作为一个鲜活的生命，从离开母体之日起，就应该张扬、探索、释放，以无穷的可能与这个世界连接。因此，智慧父母必须注意从小就要培养孩子强健的体魄，保护孩子的好奇心、新鲜感和创造的欲望，这些都是学习的根基，是学习动力的来源。根基打好了，学习才能顺利进行。否则，像这个男孩，已经习惯性地在被动的懒惰中慢慢长大，好奇、探索、创造全都消失得无影无踪，只剩下懒惰成为身体的主人，他怎么可能努力学习呢？到了这时候，父母对孩子不认真学习功课着急，又有什么用呢？

解救心灵的良药——“动起来”

对于兴趣和爱好，不能强求。顺应孩子的天性，不破坏就是最好的培养，保护了孩子的兴趣和爱好就是保护了生命的积极性。

即使没有适合的爱好和兴趣，那无论如何也不能让孩子的身体懒惰，懒惰的身体往往会导致精神的匮乏。不让孩子身体懒惰最好从运动开始，让孩子的身体先动起来，智慧父母要想办法让孩子至少爱上一项运动。

运动的好处说也说不完，强身健体，使四肢健壮发达匀称，可以助长大脑和神经系统的发育，增强意志力和信心，促进社交，从而让孩子感受到更多的开心愉悦，爱运动的人生活中会更积极阳光。

比如，打篮球就是一项很不错的运动。一方面经常弹跳拔高可以强健体魄，促进长身体长个子；另一方面篮球是运动，更是游戏，竞争对抗又合作，需要体能也需要智慧，这样可以让孩子在锻炼身体的同时，学会与人相处，学会合作，提高组织领导能力。

篮球打得好的孩子往往人际关系也非常好。因为篮球非常普遍，随便一个球场都可以大显身手。可以自己投球练习，也可以随时组合起来，人多打整场，人少打半场。不管是否认识，一组合大家就会成为朋友，打篮球的孩子经常广交天下友。灌篮高手会吸引很多粉丝，尤其是异性的青睐，因为在青少年心中，最容易崇拜英雄。篮球是融合了力量和速度加花样技巧的运动，打得好就是他们眼里的英雄。

如果不喜欢篮球，足球、乒乓球也是很好的选择。总之，选择一项既合作又竞争的运动，符合孩子的心理生理特点，不但能强健体魄，而且可以发展各种能力。

随着年龄的增长，大多数女孩可能不太喜欢竞争太激烈的运动，那么，羽毛球、跳绳、游泳也是不错的选择。

当然，孩子们天赋不同，喜好各异，选择运动项目没有统一的标准，各种运动都可以成为他们的拿手好戏，都可以给他们带来身心双健的收益，哪怕只是在院子里慢跑。

让他们动起来吧，到天地自然的怀抱里，沐着阳光迎着风。不要害怕运动受伤，摔摔打打是很正常的事情，跌跌撞撞才会更加健壮。越小开始运动，身体协调性越好，越不容易受伤，即使摔倒撞到，孩子们骨弱筋柔，也不会有大碍。担心受伤，紧紧看护，只能把孩子养成温室中的花朵，虽然一时无伤，但却经历不了任何风浪。卢梭在《爱弥儿》中写道：为了使他有坚强的心，就需要使他有结实的肌肉；使他养成劳动的习惯，才能使他养成忍受痛苦的习惯；为了使他将来受得住关节脱落、腹痛和疾病的折磨，就必须使他历尽体育锻炼的种种艰苦。

运动强身健体，更会愉悦心情。我的一个学生曾告诉我，高三那年，学习特别紧张，面临高考焦虑得不行，他唯一宣泄的方式就是打篮球。每到放假，立刻去打一场篮球，心情马上就会舒畅很多。因此，焦虑的时候，困惑的时候，面临艰难选择的时候，他总是选择去打一场篮球。出一身汗，冲个澡，立刻就精神放松，头脑清明。运动就是如此奇妙，看似让你疲惫，其实身体通过运动分泌的多巴胺和内啡肽会悄无声息地为你的生命注入无限的活力。

一个热爱运动的孩子，注定精神也不会懒惰。中外历史上的政治名人、文化名人和科技名人，大都热爱体育运动。许多取得伟大成就的人多数是运动高手。毛泽东年轻时就发出豪言——文明其精神，野蛮其体魄！他一生喜欢游泳，七十三岁还畅游长江。思想巨匠伏尔泰喜欢散步、跑步、击剑、骑马、游泳、爬山、日光浴等运动，直到八十岁高龄，还和朋友一起登山看日出。爱因斯坦说：我生平喜欢步行，运动给我带来了无穷的乐趣。

让你的孩子热爱运动，你的教育就成功了一半。试想，前来咨询的八年级男孩，如果喜欢篮球、足球抑或任何一项体育运动，他的生命状态会是这样慵懒无聊吗？

当然，他的问题也不能单纯地归因为运动，但是运动一定会减少问题的发生。所以，比较有效的解决方法，要从动起来入手，以此激发其生存的欲望和兴趣，然后再自然而然地引导转移到学习上去。

让孩子的成长始终有方向

灵魂如果没有确定的目标，它就会丧失自己，因为俗语说得好，到处在等于无处在，四处为家的人无处为家。

——贺拉斯

找不到方向的孩子

“老师，我想找你聊聊，可以吗？”我刚走到办公室门口，突然闪出一个男生，看来他早就在这里等我了。

“好啊。”我边说边开门请他进来。

他很小心地把门关上，挪到沙发边，站在那里，有些局促，大概不知道该坐哪个位子。我指给他位置，同时快速收拾好自己，调整好自己的状态。

他是高三实验班的。

明天就高考了，我知道他一定是像上午来过的那些同学一样，因为考试而紧张焦虑。但我还是微笑着问他：“想聊点什么呢？”

“我想问问老师，关于选择专业的问题。”他的声音很小，但还是让我吃了一惊。最近一周、两周乃至一个月，高三的孩子来聊的基本就一个主题：考试紧张焦虑。可是，明天就要高考了，他为什么不关心考试而关心专业？我笑了笑，看着他，想听听他要说什么。

他眼睛盯着脚尖，有些紧张地说：“我怕高考结束后，再也见不到您，无法当面向老师请教，这个问题已经困扰我很久了。高考后报志愿，我比较喜欢当老师，可是家长非要我报考医学院，学牙医。他们说牙医收入高，当老师注定一辈子很穷，我们家经济条件不好。我很纠结，不知道该怎么选择。”

“你喜欢当老师，但是父母不同意，他们想让你当牙医，是这样吗？”

“他们不是不同意我的意见，他们从来就不知道我喜欢什么。他们的意见我不喜欢，我非常喜欢当老师。但是，我也不知道自己能否胜任，我的表达能力不行。”

听他这么一说，我又仔细地打量了一下他。他高高的，瘦瘦的，皮肤白皙，文文弱弱，说话会脸红，看起来的确有些腼腆且内敛。但这并不影响他成为一名好老师，公众场合下的表达能力是可以锻炼的。

“我不喜欢当医生，尤其牙医，总是在看别人张开的嘴巴，感觉很硌硬，很难受。可是他们说那样挣钱多，生活得好。老师，你说我是选择挣钱呢，还是选择喜欢？”

他抛出了一个非常难的问题，只一个问号，但包含了太多错综复杂的信息。喜欢、不喜欢，胜任、不胜任，挣钱多、挣钱少，生活得好、生活得不好……在这些概念中，对他来说，只有喜欢、不喜欢是确定的。他喜欢当老师，不喜欢当牙医，其他那些都是模糊的，他自己也都丝毫不清楚。一堆概念摆在这里，到底该怎么选择，怎么组合才是最好的？何况这里面还包含了他的价值观，以及他父母的价值观。

在外人看来很复杂的问题，但是对于他的父母而言，应该是最清楚的。父母应该知道孩子的喜好，了解孩子能干什么，知道什么样的生活最适合孩子。

可是，当我问他父母的意见的时候，他说：“他们没有观点，什么也不教我，从小给我的就是空白。自从生了妹妹，就更没人管我了。我所知道的，都是从同学那里学来的。我很羡慕同学的父母会给他们讲道理，还陪他们玩。我总是一个人，要么写作业，要么自己玩。在我的记忆中，他们从来没有陪我一起做过游戏，一起读过书。”

他看了看我，苦笑了一下，说：“我觉得他们是不负责任的父母，虽然我这么说不对。”

他艰难的笑容里包含了太多太多，让听的人内心复杂起来，情感像被不明方向的风吹过，混乱无序。

稍稍沉默了一下，我问：“你喜欢读书？”

“小的时候喜欢看漫画，上初中以后，学习任务重，就没有时间看课外书了。”

听着他不急不慢地诉说，不免生出一丝怜惜。

他的成长缺少引导，找不到方向。有多少人是这样成长起来的，他们从小很少得到父母暖融融的拥抱、絮絮叨叨的教诲、千万个不放心的叮嘱。他们就像一棵墙头野生的草，翠绿但没有根基，风来了，雨来了，只能靠自己挣扎着生存。

在这同一个咨询室里，曾经来过一个女孩，因为谈恋爱被老师抓住当众批评，非常羞愧，来到这里哭着对我说：“我只是和他商量题，他愿意听我讲题，这怎么就是谈恋爱了呢？这个世界上还有谁愿意听我说话吗？父母啥都不教我，全凭我自己悟。真不知道他们是怎么当父母的，不想教育孩子，为什么要生我？”

女孩哭得很伤心，很无助，很让人心疼。她的话没头没脑，但是，每天都在听青少年诉说的我，他们一张口，就知道他们的困扰。这又是一个成长中缺少指导、缺少爱的孩子，她内心充满了对父母的怨恨。没有父母的呵护和帮助，在世间，她是那么孤单。于是，同桌能听她讲题，她便感到被在乎、被尊重，她需要被爱，需要得到肯定以确定自己的方向。

成长中缺少父母的指导而骂父母最狠的是一个高二男生。也是在这里，他对我说："我父母就是初中毕业，啥都不懂，啥都教不了我。他们就不配生孩子，不配当父母。"

还有一个男生，因为厌学，父母前来咨询。谈到最后，男生的爸爸说："我从小就是自己长大的，父母从来不管我，很多事都是自己悟出来的。所以，我也这样养他。我从来没有跟他谈过心，也不会谈，所以也就根本不懂他在想什么，长到现在，似乎不认识这个孩子了。"

选择需要多重考量

一时之间，这样的例子在我的头脑中不断地跳出来，他们与他的经历那么相似，似乎在诉说着同样的不平。

我回过神来，看着眼前的男孩。他还是有些不一样，很矜持，很懂事的样子，没有以激烈的言辞抱怨父母。当然，他这个年龄，也不会懂得家庭教育会复制，他当爸爸之后，大概率会复制父母的教养方式。单看现在，他有的只是迷茫、困惑、孤单无助。即使明天就要高考了，他仍不肯错过寻求指导的机会，选择在考试前挤出时间来到我这里咨询。

从他提出的问题中，我们可以看出他的认知、理解和经验常识有很多空白，都需要补课。他喜欢当老师，但又极度不自信，恐怕自己不能胜任，从而不敢轻易去选择；他不喜欢当医生，但倾向于听父母的话，而他的父母只考虑医生挣钱多，认为这个选择会让孩子过上幸福的生活。他似乎不怀疑自己的学习能力，认为可以胜任医生的职业，但他好像不明白一生做自己不喜欢的事，会多么痛苦。在大学里，哭着闹着要转专业的大一新生还少吗？

说到底，他不知道自己真正想要什么，自己的追求到底是什么，想要的幸福到底是什么。这个年轻的生命似一叶扁舟，在茫茫的大海上，只是随风漂荡。而他的父母坚持的观点又有很多片面性，比如：当老师会穷一辈子。怎么去定义穷富呢？是和谁比呢？选择比较对象的时候有没有考虑个人的能力？如果和比尔·盖茨等大富豪比，教师这个职业的确是穷光蛋；如果和一般工薪阶层比，教师的收入其实不算低。

“当牙医会有很高的收入。”如果是一名牙科庸医呢？连个病号都没有，哪来的高收入？不仅如此，同事忙得不可开交，自己门前冷落鞍马稀，心理上每天要承受极大的挫败感，受得了吗？

所以，他面临的不是单纯一个选择，而是一些认识和概念上的澄清。我和他一起讨论了他的兴趣爱好以及特长；医生和教师的职业特点；挣钱多少的界定及其和幸福的关系；他的职业选择和整个家庭的关系；对他来说什么是真正的幸福，也就是他渴望的人生状态等。

时间关系，我们只能浅浅地聊这么多，我建议他高考之后和父母详细谈谈。他非常高兴，说：“终于轻松了，像卸掉了一块大石头，顿觉豁然开朗。”

我说：“来，击个掌，轻松上阵，拿下高考。”

他欣然伸手，非常有力地一击，力量之大让我猝不及防。然后起身离开，走到门口，转过身，深深鞠躬。

我不知道他的选择会是什么，但看出他不再迷茫，心中有了方向，相信他会去和父母商量，做出最适合的选择。

父与子的论争

一个有方向的生命，自然更有力量。这又让我想起了去年高考后，我的一个学生为填报志愿和爸爸吵得天翻地覆，爷俩一起找我评理。

爸爸：“这个分数选金融专业就能报个很好的985，他却非要学哲学。”

儿子：“爸爸的观点是学金融赚钱多，我能过上富裕的生活。但是，我更想要幸福的生活。我不喜欢金融，挣钱再多有什么用啊，守着一堆钱，不心烦吗？更何况，谁说学哲学就养活不了自己，读完博士，我可以去应聘大学教授，起码有工资吧，而且大学教授的工资也不会太低吧。”

爸爸：“学哲学多么枯燥无味，而且本科毕业毫无用处，还不得继续读研读博，多么漫长。”

儿子：“枯燥是你觉得，‘子非鱼，安知鱼之乐’。我喜欢，就不会觉得漫长，就像你喜欢踢球，从来没有觉得九十分钟漫长吧？但是我在旁边等你，你知道我觉得多么漫长吗？参与者和旁观者的感觉是截然不同的，这是一样的道理。哲学是没有用处，但它最大的用处就是无用之用，它会让人活得明白通透，不至于像一些人一辈子只会追逐金钱，到最后不知道自己到底为什么活着。”

爸爸：“但你得先吃饭吧，吃不上饭，你学什么哲学？”

儿子：“哲学是闲暇和惊诧的产物，不为衣食所忧，才能潜心学习和研究，才能学有所成，造福人类。吃不上饭肯定是不行的，但我的选择是基于我目前的条件。老爸整天说自己是身家几个亿的老板，老妈已经退休是全职太太，所以，我不需要像很多同学一样考虑挣钱补贴家用，我有条件去安心做学问。如果你说钱是父母的，那么我先借用行不行？上学期间，我可以去打工赚生活费，我就不信养活不了自己。”

爸爸：“你一个穷光蛋，到哪里找媳妇？”

儿子：“爱我的人，自然爱我的一切，如果仅仅是爱我的钱，还是不要的好。”

爸爸：“爸爸妈妈辛苦半生，创了这点基业，就你一个儿子，不传给你，给谁啊？”

儿子：“得了吧，你们不就想把我拴在你们生活的木桩上，不就是惦记自己的那点家业吗？这个好说，将来找个职业经理人就行了。人不是单靠吃米活着，为什么有些人拥有极大的财富，却仍然不幸福？怎么才能让人们离苦得乐？这是哲学研究的问题。咱们家已经实现了经济自由，从我开始，就让后代再实现精神自由吧。”

爸爸：“你看，道理一套一套的，简直说不过他。”说完，看着我，无奈地笑着，笑容里分明流淌着丝丝骄傲。

我说：“雏凤清于老凤声啊！他说的有道理吧？”

“正因为他说的有道理，才不好办了。”爸爸抿嘴带笑，端起水杯。

“听了他刚才所说，我想，你心里肯定也赞同他，说不定在心里偷偷想，要是我的话，也会这样做。”我调侃说。

他爸爸笑了。

我再一次明确表达我的意见：“我非常欣赏他对自己的认知评价和选择，学哲学我觉得也适合他。他阅读广泛，博闻强记，悟性高，这是哲学家必备的天生素质，再加上他的热爱，相信他会大有作为的。”

这时儿子高兴了，挑衅地看着他爸爸，说：“听老师说的吧，放心，老爸，你的家业我是不会浪费的，我会把它变成造福人类的资本。大哲学家叔本华一生就靠家里的遗产活着，但是，却创造了不朽的哲学思想。我有这么好的物质条件，一定会努力，争取光宗耀祖。”说完，看着我，眉飞色舞，“谢谢老师，我爸同意了就好了，接下来，报志愿的事，就不劳烦你们操心了，我自己搞定。”

想起这个一米八的小伙子当时的雄辩，方向清晰，目标笃定，你会感觉到生命的力量汩汩流淌，挡都挡不住。

联想到今天的男孩，他们虽然是同龄人，但由于生活在不同的家庭里，处在不同的教育环境，却呈现出截然不同的生命状态。那个神采飞扬、能言善辩的男生，生活在一个重视孩子教育的家庭里，父母非常勤奋，不但事业做得大，还十分善于学习，读书多，而且对孩子不霸道，讲民主。更重要的是，在孩子成长的过程中，他们时刻不忘让孩子学有榜样，有导师。三年前，他一上高中，他的爸爸就找到我，说慕名而来，请求把他收作亲学生，不定时和他聊聊天。我的学生很多，亲学生的说法还是第一次听说，也因为这个，我们关系特别亲密。三年过去了，他长成今天有志青年的样子，很让人欣慰。

要为孩子的心灵开荒

为孩子找对导师，让孩子的成长始终有方向，这就是为人父母的智慧。

而眼前的男孩和前面提到的几个孩子，他们的父母却疏于给孩子精神的营养，更不知道要为青春期的孩子寻找成长指导师，以更好地引领孩子成长。他们只知道对孩子进行生活上的照顾。

智慧父母对孩子精神上的引导，远远大于衣食上的照顾。仅满足于让孩子吃饱喝足，衣食无忧，终有一天，孩子会抱怨父母什么也没教会他们，因为，他们的成长不仅需要食物，更多的是精神的需求。巴金说：人不是单靠吃米活着。

随着长大，孩子的发展需求会越来越多，单靠父母已经无法很好地满足对孩子的教育，更何况青春期的孩子根本就不想听父母的话。这时候，父母就要请名师对孩子进行包括学习、心理、兴趣、特长、审美以及艺术熏陶等各个方面，特别是心灵方面的指导。选对心灵导师，会决定孩子发展的高度，心灵导师是影响孩子精神成长的灯塔，心灵导师重在育心，学校的老师重在教书，目标是教会孩子科学知识。孩子学习课本知识的同时，更要滋养心灵，这就不能缺少导师。古今中外，凡有所成就的人，必定有自己的心灵导师，所以才有西方哲学“三圣”——苏格拉底、柏拉图和亚里士多德，才有康德、叔本华和尼采，才有“苏门四学士”，才有梁启超家“一门三院士，满庭皆俊才”。

特别是孩子长大到青春期，心灵导师尤为重要。因为这个时期，孩子的自我意识飞速发展，并不断膨胀，会表现出极强的反抗性，而父母是他们首先要反对的对象。明代大思想家王阳明说：男孩要成长为男人，就要翻越父亲这座山。此时，父母的话再对也不好使，父母再伟大，在他们眼里也算不了什么，不过就是一个满是缺点的父亲或母亲。王阳明的父亲王华是状元，但是少年王阳明就很不服气，说：状元算什么，我要做圣人。为了考察边关，十五岁的王阳明独自去到边塞，一去就是一个多月，放到现在，和离家出走的不良少年有什么两样！状元王华也拿这个青春期的儿子没办法。像现在的父母摔碎孩子的手机一样，状元王华作为父亲也曾经干过这样的事。王阳明曾经一度迷恋棋艺，王华怕他玩物丧志，就把他的棋盘连同棋子一同丢进了江里。为此，王阳明曾写过一首《哭象棋诗》表示抗议：

象棋在手乐悠悠，苦被严亲一旦丢。
兵卒堕河皆不救，将军溺水一齐休。
马行千里随波去，士入三川逐浪流。
炮响一声天地震，象若心头为人揪。

所以，古今中外，处在青春期中迅速成长的孩子，往往心比天高，犹如开足马力驶出港湾的航船，尤其需要方向。这时候，一位让他信服的老师，会把他的缰绳攥在手里，任他怎么跑都不会偏离了方向。当他觉察到有所不对的时候，就会乖乖臣服在导师的教诲里；当他低迷偷懒的时候，导师的缰绳会高高举起，激发他奋发的力量。这时，父母的责任只是陪伴，只需站在孩子身后，递上擦汗的毛巾或者解渴的甘露，让孩子感受到浓浓的爱意，他们便会从内心珍惜并对父母敬重和感恩。

一个从小就没有心灵导师的孩子，精神是荒芜的，灵魂也会经常迷路。他们的精神世界由于缺少雨露的滋养，会长期处于干渴的状态，在人生的旅途上，只能像没头苍蝇，随便冲撞，撞到哪里算哪里。他们常常处于张皇失措中，不自信和不安全感会经常折磨着他们，他们需要付出努力来对抗这些不断出现的消极情绪，他们会变得胆小、自卑，甘愿躲进不被注意的角落，退居为生活的配角，而且一生都摆脱不了心灵的魔障。而心灵导师的职责就是让孩子走出迷途，找到方向，为孩子的人生启动自我成长的力量。

寻找心灵导师不一定找名人，也不一定非找专业人士，一个原则就是品格高尚有专长，能让孩子信服、崇拜，可以成为孩子前行的灯塔，让孩子心中有方向。

开卷未必有益

五色令人目盲，五音令人耳聋，五味令人口爽，驰骋畋猎令人心发狂，难得之货令人行妨。

——《道德经》

在成长过程中，信息的摄入直接作用于孩子的心灵，被垃圾信息侵蚀之后，心灵受到伤害，心理就会呈现病态而不能自救。垃圾信息的丑恶和卑劣在于它能激发人性的丑恶而泯灭人性的真善美，特别是对于涉世未深的未成年的孩子而言，更是这样。

青春躁动的苦恼

课间，学生们说说笑笑，突然，人群中一个熟悉的身影闪过，他中等个头，瘦弱苍白，头发乱乱地竖着，低着头，佝偻着背，顺着墙边匆匆而过。像是不敢见人的样子，仓皇而惊恐。

是他，没错，那个前几天来咨询的高一男生。

我的心一震——那些不为人知的苦恼到底给了他多大的折磨，致使他无法挺直腰背？

那天，我正在整理上一个咨询记录，只听敲门声轻轻响起。我连说了三遍“请进”，还是不见有人开门。刚要起身，门推开了一道缝，才见他慢慢地闪了进来，然后小心地关上门，叫了声“老师”。

他低着头，缩着手，看上去非常局促。这样子是没法直接谈话的，我笑着问他：“你看上去有些紧张？”

他“嗯”了一声，便见他嘴唇开始发抖，两手搓来搓去。

我说：“没关系，现在你深呼吸，然后感觉一下身体哪个部位不舒服。”

他深深地呼了三口气，说：“我浑身僵硬，头脑发麻，感觉一片空白。”

哦，这种情况之前有过吗？

老师，我就是为这件事来的。我经常非常紧张，只要人多或者感觉别人看到我的时候，就很紧张。人多的地方我都不敢去，只能天天躲着同学们，独来独往。

但是，现在这件事给了我更大的困扰。我现在不能正常小便，只要厕所里有人，我就会浑身僵硬，怎么也尿不出来。只能上课的时候，请假出来小便，或者快要上课了，同学们都回到教室了，我再去小便。

这种情况从什么时候开始的？

紧张是很早就有了，从初一我就不敢到人群中去。在教室里我自己坐一个位子，也不跟同学交往。他们都以为我在努力学习，因为我的学习成绩是班里第一名。但是后来，我的成绩慢慢下滑，差点考不上高中。

小便的事是上了高中之后才出现的。上高中之后，我开始住校，八个人一个宿舍，我感觉非常不适应。

说到这里，他停下了，开始抠指甲。

经过了一段时间的沉默之后，他又抬头看了看我，然后又低下头，欲言又止。

我耐心地等待。他几次张开嘴巴要说话，又沉默了。最后终于鼓起勇气，说：“老师，你别笑我，我做了一件很丢人的事，似乎被人发现了，感觉所有人都在鄙视我，耻笑我。这让我更加自卑，有时候恨不得躲进地缝里。”

“好像被发现的是什么事儿呢？”

他犹豫再三，吞吞吐吐地说：“就是男孩子长大了，那种事。”

“你指的是手淫吗？”我直截了当地问他。

他看了我一眼，有点吃惊，又似乎一下子轻松了，说：“是的。”

从初一开始就很频繁地做这种事，但当时在家里，不会有人发现。住校之后我想戒掉，却又无法控制，只要上床就想做。那天晚上他们都在说话，我蒙在被窝里做这种事，这时突然安静了，吓了我一跳。当时我特别紧张，以为他们发现了；我又向周围看了看，好像没有人注意，都睡了。但是我觉得他们是知道了，从那之后，我再也不敢看别人的眼睛，总害怕他们会取笑我。也是从那之后，小便时便开始紧张，只要有人在，就浑身僵硬。

告诉我，这件事是在什么情况下开始的？

我上小学三年级的时候，舅舅家的哥哥上高中。有一天，他拖着我看录像，还关起门来不让别人知道。当时我不知道是什么，看过才知道就是那种录像。后来经常跟着他看，再后来，他不回来的时候我自己就到处搜，还发现了一本他看的书，就是那种书。

这种书越看越上瘾，四五年级我就有点迷上这种书了。看书冲动的时候就那样做。家里父母经常吵架，他们一吵架，我就躲进房间里干这种事。

从那之后再也离不开这种书了。感觉烦的时候，看看这种书做做这种事就很开心，初中之后越来越频繁。后来我从网上了解到这种事对身体不好，开始担心身体，但是又控制不住，于是上课经常走神，成绩才不断下滑。

除了书之外，还从哪些渠道接触到了这方面的事情?

视频，大片儿。

现在还看这种书吗?

有时看，但不敢带到宿舍，怕被发现，只在回家的时候看，有时候也从手机上看。

父母对你使用手机的时间有管理吗?

有，所以我就看纸质的书，但是这些书不敢拿出来，就藏在床底下。已经藏了两箱子，用我的书盖着。

现在什么情况下会去看这些书和视频?

心烦的时候，学习压力大、烦躁、父母叨叨或者吵架的时候。其实，我现在很不想这样做，那种事也明显地少了，我想会慢慢戒掉的。

也就是说，你并不希望自己在这条路上往下走，是吗?

是的，我知道这样下去会把我毁掉的。我想戒掉，但是，我努力了好几次，都失败了，忍不了几天就又会拿出书来看。

你希望自己过什么样的生活？

我想要跟其他同学一样，阳光开朗，不再看这种书和视频，不再做这种事。

你好好想一想，你是否真的这样决定了？

我已经决定了，从上高中开始我就决定了，但是我就是做不到。我恨自己。

那好，老师给你一个外在的力量帮助你。

他抬起头看着我。我说："从今天开始，咱们与过去告别，回到你想要的路上来，如何？

"我很想，但我不知道怎么做。"

他目光坚定地看着我。

我们先从当下开始。

第一步，这次放假回家，先把你所有的这种书处理掉，没办法焚烧，就撕毁卖废品吧。

第二步，把你的手机清理干净，所有的游戏视频一概卸掉，三个月不要上网，除非必须查阅某种资料。

第三步，把学校要求的必读书目买来，开始读这些书。

第四步，加强运动，想办法让自己经常处于运动极限状态。

最后一点，如果你愿意，把这件事跟父母或者他们中的一位说开，让他们来帮助你。先做到这几点，你看能行吗？

前面四点，他很欣然地答应，但让他和父母说，他犹豫了，说试试看。

“一周之后我们再商量下一步该做什么。”

他长长地出了口气，很舒展地坐着，沉思了一下，抬头看着我，笑了。

我想，他一定会照做，因为他太痛苦了，他已经下决心想要甩掉这种痛苦，所以才会找人帮助。

但是这种痛苦给他造成的伤害却不是一下子就能消失的，就像一口清澈的水井，扔进去了太多的垃圾，连井自己都会感到恶臭，要想净化，自然需要时间。

预防永远比治疗更重要

对这个男孩来说，弱小的心灵在垃圾信息里浸泡得太久，要想消除症状走出痛苦，可能需要很长时间的心理治疗。至于心理咨询师是怎么帮助他的，这是专业问题。我想说的是，不要关注治疗，治疗就交给心理老师和心理医生吧，先把你的目光收回来，多多关注那些吸收了或者正在吸收着有毒信息、内心有不为人知的伤痛，但现在看起来貌似健康的孩子吧。

我不能不说，他的痛苦、创伤，首先来自父母的疏于管理，孩子看了那么多垃圾书籍和视频，父母竟然毫不知情。其次来自负面信息的误导，来自不辨是非时的好奇。因为太早接触了不该接触的东西，致使本来纯洁的灵魂受到了诱惑而迷路，并一而再再而三地沉迷于这些淫秽色情的东西而不能自拔。

年少无知的他，根本还没有办法控制自己不被诱惑。再加上父母又经常吵架，家庭不和谐，没有温暖的力量来及时消除掉这些伤害，反而让他无意之中找到了一个极妙的顺应生理的方法，通过寻求刺激来抚慰受伤的心灵。他哪里知道，这是饮鸩止渴。随着年龄的增长，身体的发育，对于性的需求会越发强烈，这种低俗的诱惑越发不能拒绝，所以他只能越陷越深。

当他渐渐知道这对身体的伤害会很大的时候，岂不知，那种看不见的对心灵的伤害已经无法衡量。一切低俗、淫秽、暴力的东西，对人心灵的毒害之大莫不如此。

日本心理治疗大师森田正马，小的时候跟父亲去参加一个庙会，进到庙堂里，突然被庙宇里边面目狰狞的大小鬼神像，吓得魂不附体，回到家后，受到惊吓的他便生病了。当时虽然治好了身体发烧的小病，但是心灵受到重创后造成的心理疾病却一直伴随他，直到他在帝国大学读医学期间，还一直在服药。后来，因为家庭经济变故，父母不能按时给他寄生活费，他觉得家人只关心他的学习，不关心他的身体，一气之下发誓只学习不服药，也不管自己的身体了，一直学死给父母看。出乎意料的是，不但学业成绩优异，他的心理病也消失了。他由此研究总结出了一个心理治疗方法叫“森田疗法”，这个疗法恰恰是心理学家森田从自身的经历中提取出来的。这也许是上天赐给心理病人的福音，让森田在经历磨难后用心研究发明出了这一精神疾病的应对方法。

但并不是所有人都会如此幸运和有智慧，多数人被垃圾信息侵蚀之后，心灵受到伤害，心理就会呈现病态而不能自救。垃圾信息的丑恶和卑劣在于它能激发人性的丑恶而泯灭人性的真善美，特别是对于涉世未深的未成年的孩子而言，更是这样。

一个八年级的男孩，在学校跟同学发生了矛盾，两周没去上学，天天泡在游戏里。妈妈带他来咨询的时候，他说："这个世界充满了黑暗，人们都非常虚伪，我身边这些人都是伪君子。我要拯救世界，我心中的超人会帮助我拯救人类。"

这个还没长大的孩子被游戏深深吸引，以至于沉迷网络世界，厌恶现实世界。在网络那个虚拟的世界里，人们都顺着他说话，他可以做自己的王。但是在现实当中，要和人相处，就必须讲究策略，要拿捏，要忍耐，所以他不会，也不愿。遇到不顺意，他就开始憎恨这个世界。在他幼小的心灵里，根本分不清真假。在虚拟的世界里待的时间太长了，那些虚假信息已经像蜘蛛网一样死死包裹住了他的心灵，已经改变了他对现实世界的认知。

一个大一的女孩被爸爸带来，说是同性恋。女孩非常坦然，说："我没有问题，是他们有问题，他们反而觉得我有问题。"

"我是有一个女友，这在很多国家都是合法的。但他们竟然会觉得我不正常，是他们无知和思想落后吧？"

"我倒想听听你对这个问题的深入看法。"

"这很正常。我从小讨厌男生，他们又不是不知道，我从来不跟男生说话，看到他们就觉得恶心。我的女友给了我温暖，给了我安慰，不论我遇到什么困难，她总是强有力地支持我。她才是我的妻子，我的贤内助。我们真的非常相爱，他们却非要让我们分开。他们怎么那么无情，他们以为他们是谁，可以决定我的人生？我准备带着我的妻子远走高飞，我们可以去荒岛上，过我们想要的生活，免得周围的人看我们不顺眼。"

但是经过了解，这个女孩其实并不是性取向问题，不是真正的同性恋。大概是这方面的书看多了，模仿的成分更多。

据了解，她对异性的偏见最早来源于家庭。她是家中第三个女孩，父母偷生的。他们家重男轻女，生第二个女孩的时候，一家人都哭了。自从妈妈怀上她，就盼着生个男孩，各种检查也证明是个男孩。在她之前，因为检查不是男孩，妈妈已经两次流产。但没想到，生下来的仍然是女孩。奶奶一气之下病故了，爸爸很伤心，所以从小就没给她过好脸色。

这些情况说明这个孩子是有心理阴影的，逃过一家人的厌弃，苟且生存下来，又在全家的嫌弃中长大。大家对男孩的盼望和对她的嫌弃形成对比，给她造成了极大的心理压力。孩子总希望家人是幸福的，她多么希望自己是个男孩啊！而对男孩的厌恶恰恰来自她对男儿身的渴望。潜意识里她把自己当作了男孩，又因为看了太多有关同性恋的书籍，对号入座，觉得自己就是同性恋，而且父母越反对，她就越翻看大量有关这方面的书籍，以此为自己寻找合理的借口。

摄取过滤后的信息和知识

信息爆炸的时代，乱七八糟的东西实在太多了，不能轻易相信什么开卷有益，进入孩子世界的信息必须要经过筛选。当孩子认知还没有成熟的时候，他们只凭着欲望去摄取需要的东西。在他们眼里，不管糖果还是驱虫药丸，只要有甜味，都是好东西，他们竭力想满足的就是当下的快感。多吃糖对牙齿不好，那是大人的认知，他们经不住的是甜的诱惑，只要有机会，他们便会去追逐那份甜。他们还没有能力预知会带来什么后果，而控制糖的摄入，那应该是父母的事。所以，对于未成年孩子的信息摄入，父母必须把好关。

像前文说到的这些孩子，看了不健康的书籍，接受了不良信息，毒害了自己的心灵，已经严重影响了他们的身心健康，对此，父母是有管教不当之过的。

我由此想到了另一种场景。

前些日子经过学校报告厅，那里正在举办高中生辩论赛，铿锵有力的辩论声把我吸引了过去。

高一高二的孩子，西装革履一打扮，男生潇洒，女生俊秀。正方反方，唇枪舌剑，针锋相对，旁征博引，妙语连珠，诗词典故信手拈来，虽然偶有囫囵吞枣之嫌，但你不得不佩服他们才华横溢。小小年纪，饱读诗书，神采飞扬，睿智通达，让我们看到的是站在知识巨人肩膀上的少年才俊。同样是读书，对人的影响和塑造结果迥异，差别全在筛选上。

一个人精神的成长，除了来自家庭、学校、社会的教育，更重要的是自我教育，而自我教育的主要途径就是读书。智慧的父母懂得帮孩子筛选书籍、影视、音乐等各种文化产品，就像筛选入口的食物一样，应该挑选最精美的知识来滋养孩子的灵魂，绝对不能让孩子胡吃海塞。孩子成长期中吃进什么东西，他就会成为什么人。

关于这些，在古今中外的教育家那里多有论证。古希腊的伟大哲学家柏拉图，在其名著《理想国》中讲到对管理国家的精英人才的培养时，特别强调在其幼年时期就要注重音乐文艺教育。他说："好言辞、好音调、好风格、好节奏都跟随好的精神状态，就是那些智力好、品格好的人的真正良好的精神状态。坏风格、坏节奏、坏音调类乎坏言词、坏品格。"

柏拉图认为，他们会监督那些艺人，不论在绘画或雕刻作品里，还是在建筑或别的任何艺术作品里，不准他们描绘邪恶、放荡、卑鄙、龌龊的坏品格。他说：

> 否则我们的护卫者从小就接触罪恶的形象，耳濡目染犹如

牛羊卧毒草中，嘴嚼反刍，近墨者黑，不知不觉间，心灵上便铸成大错。

要让我们的护卫者眼睛看到的，耳朵听到的，随处都是美好的艺术作品，使他们如沐春风，得沾化雨，潜移默化不知不觉之间受到熏陶，从童年时期就和美好的理智融合为一。

一个儿童从小受了好的教育，节奏与声调渗入了他的心灵深处，在那里牢牢地生了根，它就会变得温文有礼。如果受了坏的音乐教育，结果就会相反。再者，一个受过合适的音乐教育的儿童，对于任何作品或自然物的缺点与不美就会敏感，因而对丑恶的东西会反感，对美的东西会非常赞赏，感受其鼓舞并从中吸取营养，使自己的心灵成长得既美且善，对任何丑恶的东西他能正确地谴责和嫌恶它。虽然他还年幼，还知其然而不知其所以然，等到长大成人，理性来临，他会似曾相识立即欢迎，因为他所受的教养与理性，同声相应，同气相求。

同样的道理，老子的《道德经》当中也说过："五色令人目盲，五音令人耳聋，五味令人口爽，驰骋畋猎令人心发狂，难得之货令人行妨。"意为：五光十色绚丽多彩的颜色，容易使人眼花缭乱；纷繁嘈杂的音调，容易使人耳朵受到伤害；香馥芬芳、浓郁可口的食物，容易败坏人的口味；纵情狩猎，容易使人心情放荡发狂；稀有的物品，容易使人行为不轨。

另一位哲学家卢梭在他的名著《爱弥儿》中，讲得就更加细致。对爱弥儿的教育，那是一个精心的设计，不仅读的书、听的音乐、看的绘画要经过筛选，连他经历的事、见到的人也要经过筛选和安排。在什么样的环境中培养他什么样的心智，都是这位伟大父亲的精心设计。当他到了婚恋的年龄遇到了心仪的苏菲，两个人自然进入到热恋状态，但是为了锻炼他的心智，为了让他学会用意志克服欲望，必须制造一个分离。这时候这位伟大的父亲毫不留情地带走了爱弥儿，让他去各国游历。他必须要经历这样的分离，以成熟他的心智。

所有的安排都是精心的选择。在爱弥儿的成长中，绝对不会有乱七八糟的东西随便流入，他的教导者不会让他的生命打开这样的口子。而保护孩子的心灵不受侵害，这也正是包括父母在内的一切教育者的使命。

教会孩子自己画像

在石头里沉睡着一个形象，我所想象的许多形象中的一个形象，它一定沉睡在最坚硬、最丑陋的石头里。像艺术家的锤子驱向石材，我的锤子对着这个形象的牢墙残酷地乱敲，碎石从石头上向四面飞散。

——尼采《查拉图斯特拉如是说》

我很胆小，没有朋友

每个人成长的过程都是从璞到玉的蜕变，璞的自然质地很重要，但雕琢的艺术则直接决定玉以什么样的姿态示人。

眼前这个高一的男孩儿，身体瘦弱，面黄肌瘦，说话声音小而尖细，看上去似乎是营养不良。可是，现在的生活条件，通常是营养过剩，容易养出肥胖儿，谁家的孩子会营养不良呢？

“同学们都不愿意和我玩，都看不起我，我没有朋友。”他瞟了我一眼，迅速低下头，既害羞又惊恐地说。

没头没脑的一句话，真不知道他要表达什么，所以我必须从头问起。

“你是说现在没有朋友吗？”

“从小就没有，我很胆小。”他头也没抬，小声说。

“但是，你主动来找我了。我们并不认识，主动找一个陌生的心理老师聊天，我觉得你很勇敢啊。”

“我想了很久了，他们都说老师很和蔼，水平很高，没有解决不了的问题，我才来的。其实，我来过三次了，前两次都没敢敲门……老师，你不会说出去吧？我很害怕。”

“你是害怕我说出去呢，还是现在感到害怕？”

“不知道，都有吧，我很胆小。”

“那现在老师告诉你，咨询师要遵守保密原则。在这里你是安全的，被保护的。你说的话都是保密的，除非危及身体健康和生命安全。如果危及生命，咨询师就会采取保密例外，来保护你和涉及的人不受伤害。现在，你可以放心了吧？尽情说出你想说的吧，看看我能帮助你什么。”

“我很胆小，没有朋友。”他看着地面，嗫嚅着。

他一直在重复这句话，不难看出，“胆小”是他的标签，“没有朋友”是他的苦恼。他想解决这个苦恼，但却被标签牢牢地套住，以致没有办法摆脱。

“你希望自己是什么样子的？”

“我希望和别的同学一样，开朗大方，有很多朋友。大家一起说笑，一起打闹，一起吃饭，一起出去玩。”

“你有没有试着和同学一起说笑？”

“我不敢，我很胆小。”

“你还有哪些事情想做，却不敢去做？”

“我不敢和同学说话，害怕他们笑话我。我不敢问老师题，上课不敢看老师，害怕老师提问我。”

“和父母交流害怕吗？”

“害怕。我只告诉他们一些好事，害怕他们说我。”

“他们会说你什么呢？举个例子说说吧。”

“上一年级的时候，上课尿了裤子。同学们都笑话我。我回家哭了，妈妈就骂我，说我没用，又去和老师说我很胆小，让同学们不要笑话我。可是同学们仍然偷偷说这件事，还说我很胆小，上课憋尿了也不敢和老师说。

“现在，我要是和同学闹矛盾，受了委屈，和妈妈说，她就会骂我。说我没用，说怎么生了你这么个胆小鬼，随你老爹一家子，别人欺负你，你不会打回去？

“所以，在学校里发生了什么，我都不和她说。我也不和同学打交道，总是躲得远远的，省得被欺负。”

“妈妈经常说你胆小，还说什么？”

“其实，我就是天生胆小，一大家子人都知道。但是，我奶奶经常鼓励我，说我不是天生胆小，小的时候很活泼，很大胆，见了叔叔阿姨都会打招呼，还经常带着小朋友来我们家玩。妈妈说我越长越胆小，越没出息。

“我最讨厌她骂我窝囊废。说胆小吧，我是胆小，可她凭什么说我窝囊。我又不是学习不好，一直是班里前五。”

说着，他流泪了。

看他现在的样子，的确没有一个青少年该有的阳光自信、活泼开朗。这可能是妈妈骂他窝囊的原因，是爱之深、责之切吧。

可怕的标签和画像

骂能改变什么呢？只能让他向着你骂的方向生长。孩子就是生长在妈妈的嘴里，妈妈怎么说，他就怎么长。妈妈经常表扬鼓励，他就自信满满；妈妈经常批评指责，他就胆小怯懦。妈妈给出一个固定标签，他就长成标签的模样。就像这个孩子，“胆小”已经深深烙进了他的自我认知里。他不仅口口声声重复着妈妈给的标签“我很胆小”，而且他的行为也表明生活中他的确是非常胆小。他不敢抬头看人，不敢大声说话，凡是与人打交道的事，他都不敢做。采取的方式就是躲起来，所以，他没有朋友。

但他并不是天生胆小。从奶奶对他的鼓励，可以看出他小时候很活泼，妈妈也说他“越长越胆小”。这就充分证明他发展到目前的状态，教育有不可推卸的责任。

让我们再回过头来审视一下他的成长过程。

从幼儿开始，每次遇到事情时，妈妈不当的处理方式，总会让他小小的心灵受到惊吓。在外面被同学欺负了，回家还要挨骂，他只能两头保护自己。在外面尽量躲着不被欺负，回到家也不敢说，因为怕被骂。这样，他就变得经常性地害怕起来。

这还不是最重要的，最要命的是妈妈每次骂他，都会重复同一个核心概念：“胆小”。于是，这个概念在他心中不断被强化，每次妈妈还都联系事实证明他就是胆小的；不仅如此，妈妈还去和老师说他胆小，请老师关照，并且昭告全家，让大家都相信，以致他自己也相信了，所以才会说，“其实我天生胆小，一大家子人都知道”。

就这样，妈妈最不希望看到的儿子胆小的模样，被她辛辛苦苦清晰地勾勒出来，并灌输给了儿子，让他也开始痛恨自己胆小的模样。同欣赏一样，痛恨也是生命力量的导引。每个生命里都包含着自己最不喜欢的成分，等待被激活。有时候人最容易长成的，恰恰是自己最讨厌的样子。而妈妈给他的画像一旦成为标签，就会像从小被套上固定造型的葫芦，最终也会长成固定造型的模样。可是，有谁知道，被造型的葫芦是什么感受呢？

当下的他很痛苦，表面原因是没有朋友，这时候，头疼医头脚疼医脚的咨询师就会教他人际交往的技巧，他怎么能学得会呢？这又怎么可能解决问题呢？表层行为都是深层意识的支配，不处理掉深层意识里的恐惧，他怎么会改变自己的行为呢？

而这深深的恐惧是什么，又不是简单的三言两语所能描述的，甚至不是语言可以表达的，这需要在交流中不断带领他深入到生命内部去探索。

不过，表面的脉络已经非常清晰——妈妈给他一个胆小的画像，他正在长成画像的模样。

有了这个初步的判断，我想带领他朝这个方向走走看。

“在我眼里，你很勇敢。第一，你大胆地说出了这么多年憋在心里的话，而且表达很清楚；第二，有问题知道求助，并付诸实施。所以你是勇敢的，并且是有智慧的。”

他抬起头看着我，想笑又很疑惑。沉默了一会儿，微笑着问：“真的吗？我也没想到。”声音很小，但是透过丝丝喜悦感受到了他生命的力量。

“发现没有，你敢看着我说话了。”我笑着对他说。

他笑了。发自内心地笑，连手都要动起来，似乎要手舞足蹈了。

“从今天开始，记住，你并不是天生胆小，有时候你是很勇敢的，比如现在。你要时常告诉自己：其实我很勇敢。”

“其实，小的时候我就是很勇敢，小朋友们不敢爬墙出院，总是我带领他们……”

没等我说完，他便抢着说。开始抢话说，看得出，他生命中勇敢的种子被激活了。

“我相信会是这样的。现在交给你个作业，回去之后像刚才一样，回忆一下你曾经做过的勇敢的事情，并把它们记录下来。第二，每天告诉自己：其实我本来是很勇敢的。第三，每天做一件勇敢的事情，不论大小，哪怕是和同桌说了一句话。”

他欣然接受，很高兴地离开了。

但问题并不会轻易地被解决，这需要一个漫长的过程，不断探索，不断改进，直到从根本上化解掉他恐惧的原点，这是咨询师要做的事情，这里不做详细记叙。把这个案例写在这里，是为了以此警醒很多仍然在沉睡的父母，请你们反思，你们有没有还在唠叨，有没有还在给孩子贴标签，有没有还在给孩子画着一幅连你自己也不想看到的画像？

被画像是必须经历的

史蒂芬·柯维博士在他的《高效能人士的七个习惯》一书里说："任何事物都是两次创造完成的。"我们做任何事都是先在头脑中构思，然后付诸实践。拿起工具创造之前，必须先有详尽的设计图纸，设计蓝图代表愿景，整个创造过程均以它为准绳。

每个人的人生都是第二次创造，或者是自己主动设计的，或者是外部环境、他人安排、旧有习惯限定的。

被画像是每一个孩子都会经历的。很多孩子经常会说，我爸说如何如何，我妈说如何如何。这个"如何"就是在孩子心中爸妈给的定位，爸妈给他的画像。

有一个能言善辩的男孩，因为考试焦虑过来咨询。他说："没想到考试让我这么紧张，从小我就没怕过事。我爸经常说，在应对困难方面，我比一般孩子能力都强。刚上高中的时候，我们很多同学对宿舍和食堂的饭菜不适应，我也是，但是我很快就能调整过来，因为我比一般的同学适应能力都强。"这个男孩被爸爸画成一个勇敢不惧困难的人，在生活中，他自然也会无意识地努力这样去做。

一个跟同桌闹矛盾的女生说："我妈说，我从小什么都好，就是受不了别人脏乱。我同桌不仅自己的书乱，还经常会把用过的纸或者乱七八糟的东西弄到我的桌子这边。我不是故意说她，我从小就是受不了别人脏乱。我的朋友都知道我这个特点，所以他们在我面前也不会脏乱。就她让人受不了。”在这个女孩的认知里，不能容忍别人的脏乱，似乎是天经地义的，是她与生俱来的好品质，似乎她有理，她要努力捍卫，所以她无法容忍任何人的脏乱。如果别人因此改变，一切都是好的；但是如果别人不按她的要求来，就会发生矛盾。你看，又是妈妈的画像惹的祸。

另外一个女生则为学习成绩下降来咨询，说着说着就谈到了同学关系这方面。她说：“我感觉太累了。要拿出很多的精力去应对人际关系，谁都不敢得罪。我不懂得拒绝，也不会拒绝。每天害怕得罪别人。从小妈妈告诉我，不要惹别人不开心，惹别人不开心你就不开心。所以我很害怕别人不开心，我总是努力地让周围的人开心，大家都叫我‘开心果’。但是，当一个人静下来的时候，我就感觉特别特别累。我为什么要这样呢？我为什么总是委屈自己，不按照自己的内心去活呢？然而，想归想，别人一说有事，我仍然会立刻笑着回应。因为妈妈告诉我，不愿意心里知道就好，不要表现出来。惹别人不开心，你就会不开心。”

这个女孩被妈妈画了一个委曲求全者的像，然后她努力去做一个好人，努力用她的牺牲和委屈维护着周围世界的和平。她不敢跟别人有丝毫的对抗，一直担心自己的行为会惹别人不高兴，所以她小心翼翼，从来不会表达不同的意见，因为妈妈说不能惹别人不高兴。

每个孩子出生后就会不经意间被妈妈画出的模子套着，如果这些模子没有尊重孩子的天性或者失之偏颇，必然会对生命有所伤害，生命的力量就会在不断的碰壁中消减。

前文我们写到有些孩子从小被表扬聪明，他们于是就生活在妈妈为他画的聪明人的画像里。妈妈夸奖他，“你是个聪明的孩子，不需要费劲就能学得很好。”他们就认定了这种聪明人的形象，直到后来，真的需要付出努力的时候，他们反而会冲不上去。因为他们骨子里认为聪明就是不需要努力就能达到，努力而获得好成绩，那叫死学，那是笨蛋的象征。到最后他们聪明反被聪明误，饱受其苦，归根结底也是开始的画像出了问题。

把画笔交给孩子

每个人生下来都是一块璞玉，要用一生的时间和精力来雕琢自己，最终成为一块块各具形态的玉。到底雕琢成什么样子，其实在成型之前，每个人心中早就若明若暗地有个画像，小的时候是被父母画像，长大之后就是为自己画像，也就是自我雕琢，再经生活的磨砺，最后成型。没有哪一个雕塑不是先在艺术家的心中有形，然后一刀一斧雕琢出来的。

小的时候，父母就是孩子的雕塑师，经常被表扬勤劳的孩子，终生都会勤劳；经常被表扬懂事有礼貌的孩子，看上去就会越发懂事、有礼貌。相反，经常被批评指责不知道学习的孩子，就会越发厌恶学习；经常被骂不尊重父母的孩子，就会越发与父母顶撞。

父母嘴里说出来的就是心里想的，是想要孩子成为的样子。因为喜悦或者恐惧，父母会不断地把心里的话说出来，从而不经意间引导孩子的行为。所以，智慧的父母永远懂得尊重孩子的天性，淡化孩子的缺点，肯定孩子的优点，把孩子的缺点变成自己希望的样子说出来。比如，孩子乱扔东西，不讲卫生，智慧的父母绝对不会说："你就是个又脏又乱的孩子，从来不知道把东西放到该放的位置。"他们会说："你是一个爱干净的孩子，但是乱扔东西就不干净了，要是把东西放到它该放的位置，你会更舒服的。"如果孩子说脏话，智慧的父母不会说："看你这副德行，跟谁学的？一副没教养的样子，我怎么养了你这么一个没教养的孩子。”他们会说：“你从小是一个很有素质的孩子，但你刚才说的话玷污了你的形象，希望不要有下一次，我更希望看到你文明的样子。”

就这样，一件事一件事地画像，就如同工匠，一斧一凿地雕琢，但每一斧每一凿都应该在尊重孩子天性的基础上完成。直到大致成型之后，父母还要懂得把画像的权利交给孩子，引导孩子自己为自己画像。自己为自己画像，就是自我规划，自我设计，自我教育，这样孩子才会最终长成自己想成为的样子。这个基本路径就是：幼儿养性，童蒙养正，少年养志，成年养德。

打个比喻，孩子的成长，首先要把一颗种子埋入他的心田，那颗种子就是“我想成为什么样的人”。有了这个指引，他就会慢慢地接过父母手中的刀斧，开始努力地不辞劳苦地塑造自己，模板就是不断地为自己画的像，而这时，好妈妈已经给了他一双善于发现美的眼睛，他会用这双眼睛把所有积极的、美好的元素汇拢起来，逐渐长成他想要成为的样子。

当然，生命的成长不会是一条直线，他可能对自己的画像颠来倒去不断变换，今天想成为民族英雄，明天想成为科学家，后天又想浪迹天涯周游世界，作为父母，面对他有时稚嫩的不着边际的想象，无需紧张，不必着急纠正，只要把握住大方向，剩下的就是尊重。

苏轼母亲程夫人是历史上有名的智慧母亲。苏轼小时候，和弟弟苏辙一起读《后汉书·范滂传》。范滂是东汉末年一位志士，正直清高有气节，但因为行事刚毅，得罪了奸人，受到了“党锢之祸”的牵连。为了不连累别人，他毅然自首入狱。母亲来狱中诀别时，范滂安慰母亲，不要因为自己太过伤心。范母回答说：人都是要死的，名誉和长寿二者很难兼得，如今你有了一个好名声，我还有什么好伤心的？

读完这段故事，小苏轼对母亲说：母亲，我想做范滂那样的人，可以吗？

程夫人看着自己的儿子，只回答了十二个字："汝能为滂，吾顾不能为滂母邪？"

程夫人十二个字的回答，是对苏轼的信任、肯定和欣赏，也是苏母智慧与远见卓识的表现。小小的苏轼受到有志之士的鼓舞，自我画像，自我砥砺，又得到母亲的支持，他的人生从此开始扬帆起航，生命的小舟也因此有了前进的方向和力量。这最终成就了他波澜壮阔、多姿多彩的一生。

第四章

陪伴是一种修行

孩子这件艺术品的神韵来自父母和家庭

教育的本质是心灵教育，是一棵树摇动另一棵树，一朵云推动另一朵云，一个灵魂唤醒另一个灵魂。

——雅斯贝尔斯

傲娇的女孩

离高考只有三个月了，女孩却非要回家自学，而父母坚决不同意。父母认为，在家自学抓不住重点，担心复习偏了方向；女孩则认为，老师看不起自己，与其在学校里受气，不如回家自学。为此，娘儿俩争执不下。

女孩的妈妈已经约过两次时间，却因为女孩这样那样的原因而临时爽约。这次女孩按时来到咨询室，没想到直接原因竟然是她和班主任刚刚吵过架。

我听到敲门声，还没来得及回应，门已经被推开。与其说是推开，不如说是撞开。只见女孩冲在前面，一个西装革履的中年男人跟在后面，腋下夹着一个公文包，手里提着一个背包，显然背包是女孩的。看得出，陪着来的这个中年男人是女孩的爸爸。

女孩垂着眼，头也不抬，径直走到椅子旁，便一屁股坐下，噘着嘴，很生气的样子。爸爸则紧紧跟在后面，像是仆人小心地伺候着主子，勉强地笑着和我打招呼。

屋里的气流立刻被搅动起来，急促而暴戾。我走过来，慢慢坐下，并没有说话。这时爸爸急着说："你怎么想的就和老师说说，不愿和爸妈说的话都可以和老师说。"

女孩怀里还抱着两本书，开始呼呼喘气。一小会儿过后，她回头伸着脖子对着爸爸说："你出去。"

这位爸爸立刻起身，说："好，我出去。心里想什么，都和老师说出来。"

突然，女孩把书往茶几上一扔，便哭起来，边哭边说：

> 我感觉没法在学校待下去了，老师们都看不起我，同学们也不待见我。每次和老师发生矛盾，他们都像看耍猴一样看着我，没有人站到我这边。可是，明明是他们的错。
>
> 上午我去办公室问数学老师题，前面还有一个同学在问。老师看了看我，继续耐心地给那个同学讲题，就当我不存在一样。等讲完，轮到我了，老师却说，到时间了，先回去上课，下课再给你讲。我实在不能理解，也无法忍受。我等了那么久，就白等了！老师就不能少给他讲点，为什么轮到我就不讲了？我正要说话，这时老师站起来要走，我特别愤怒，一气之下，就把他的水杯扔到了地上。旁边的老师一齐冲我瞪眼，说我不对。凭什么？凭什么这样对我？

说着说着，她哭声越来越大，也越来越伤心。

> 更让人气愤的是，刚才班主任竟然找我去办公室批评我，说我不应该扔老师的水杯，不应该用这种态度对老师，还让我给老师道歉。笑话！难道他就应该这样对我？他作为老师凭什

么看不起学生？都在欺负我，明明是他们先错的。

我的数学是强科，每次考试都过130分，但是这次只考了108分。我很难过。作为老师，不应该主动帮学生找原因吗？为什么我主动问他了，他还不给我讲？

为什么对前面那位同学就那么耐心，轮到我就一点耐心也没有，他分明就是看不起我。班主任更过分，说我无理取闹。明明是数学老师先错，怎么就是我无理取闹？班主任不但不站在我这一边，还攻击我的人格，我实在忍无可忍，要不是爸爸拦着，我一定会把他的电脑砸烂。

经过的同学都像看猴一样，没有一个人站在我这边说话！为什么这样？

她越说，哭得越伤心，以致上气不接下气。我没有说话，只是把纸巾一张一张地递给她。

她抽抽搭搭又哭了一会儿，终于安静下来。

我说："你现在想要我帮助你什么呢？"

她说："我就是在学校里待不下去了，所有人都看不起我，所有同学都鄙视我，凭什么？分明是他们不对。他们这样对我，让我的成绩不断下滑，我实在待不下去了。"

"你是说你想回家自学？"

"是的，我不愿看到他们的嘴脸，但是，我又害怕耽误了听老师的讲解。说实话，老师们讲得都很好，我交了学费，凭什么不能听老师讲？"

"你的意思是在学校待不下去，但是离开学校又不舍得，怕耽误听老师们讲课？"

“是啊，我交了学费，凭什么让我离开学校？”她呜呜地哭着说。

“你的意思是自己拿不定主意，想让我帮你出个主意吗？”

“不是，能不能让他们不要看不起我。所有的人都很努力好吧，我也很努力，他们凭什么看不起我？我这次是十三名，但是我要努力考回我的前三名，我从小上学一直没有出过前三名。他们凭什么这样对我？”

又停了一会儿，她若有所思地说：“为什么所有人都来问我？好像我错了似的。”看得出来，来咨询并不是她主动的。

“好吧，现在你喝口水，在外面凳子上坐一会儿，我要跟你爸爸聊几句。”

女孩呼地站起来，冲了出去。一会儿，她爸爸小心翼翼地走了进来。

我说：“孩子很激动，似乎也没有想好需要什么帮助，您带她过来是想让我帮助什么呢？”

爸爸说：“老师，你能不能劝她不要回家，让她留在学校里继续学习。”

“这个似乎不需要我劝，她并不是真想离开。更重要的是心理老师不是讲道理的，不会把观点强加给来访者，而是帮助来访者自己解决问题，就是助人自助。从刚才孩子的叙述来看，她处理问题的方式似乎有些问题。刚才她说要砸了班主任的电脑？”

“老师，实在不好意思，这孩子动不动就动手。当然，刚才我在那儿拦着她，她并没把老师的电脑砸坏，但一口气没出来，就在来您办公室的路上，一脚把路牌给踹倒了，实在不好意思。

“但是，现在说不得，一说她就又哭又闹。从上高中之后就经常哭闹，说自己没有朋友，很孤独，所有的人都孤立她。”

“家里还有别的人习惯用攻击的方式解决问题吗？”

“老师，实在不好意思，她妈妈就是这个脾气，她跟妈妈越来越像。这不，我是刚从交警队过来，刚刚替她妈处理完撞车的事。是这么一回事。周末她妈送她上补习班，正碰上那里很拥堵。另一个妈妈开了更好的车，她妈妈的车可能挡了那个车的路，那个妈妈就下来喊，说你会不会走路啊，挡在那里别人怎么走。她妈妈哪吃这一套，两个人就一来一去地吵起来了。本来吵两句就算了，谁承想那个开好车的妈妈最后又嘟囔了一句：‘开那么辆车还有脸挡在这里。’她妈妈最听不得这个，一下火就上来了，开着她的车就撞到人家车上去了，直接把门子给撞凹进去了。”

“当时孩子在场吗？”

“在啊！那个妈妈车上也有两个孩子，一个跟她一般大的男孩，还有一个四五岁的女孩。”

“言传身教”的妈妈

两个妈妈当街对骂，只是骂还不解气，还开车直接撞过去，而车里就有各自的孩子在看着！

这么热闹的场面，人们的焦点必然锁定在两个妈妈和撞在一起的两辆车，谁会想到此时车里的孩子呢？车里的孩子接收到的是什么？想到的是什么？这一切给他们带来的影响又是什么？这影响会不会深入其生命里，形成他们的认知？他们是否会被惊吓到？惊吓中是否会激起他们的愤怒？他们该怎样评价对方的妈妈？该怎样看待这个世界？遇到类似的事情他们是否也会这样处理？

最该保护他们的应该是他们各自的妈妈，但此时两个妈妈是顾不上了，她们吵得正欢。她们挣扎在自己的愤怒里，就像受了惊的野马，谁靠近谁挨踢。

面对此情此景，孩子只能被动接受着，模仿着。在孩子心里，永远相信妈妈是对的。大孩子可能会有自己的判断，但是，即使有的话，保护妈妈的意识也会立刻消灭掉这些念头。不能让妈妈受到伤害，应该坚决捍卫妈妈，妈妈怎么做，自己就该怎么做，这应当是每一个孩子的潜意识！

“她的妈妈经常会跟别人发生冲突吗？”

“嗨，我都不好意思说，尤其是跟我妈、我弟弟。人家不小心说句话，她就说人家看不起她，不尊重她，动不动就要死要活的。全家人都让着她，这个孩子也越来越像她。脾气大概没法改变了，老师，你看看能不能劝劝孩子，好好在学校学习，马上就要高考了，希望不要再闹别扭，争取考个好点的大学。这个孩子比较聪明，学习一直很好。”她的爸爸恳切又无奈地说。

“说实话，咱们家这个孩子最重要的问题已经不是考大学了。”我直截了当地说。这位爸爸疑惑地看着我。也许他们觉得只有影响考大学的才是问题，因为会直接影响到孩子的前途。

“如果她用这种方式处理问题，那么，即使考上再好的大学，也不会有朋友，不会有良好的人际关系，也不会感到幸福。况且，现在她就没有办法和老师同学相处。退一步说，因为她成绩好，又没几天就高考了，老师同学可能会让着她，但是这种让，难道不更可怕吗？将来到了社会上，有谁还让着她呢？”

她的爸爸沉默了，很难为情地苦笑着。

“那怎么办，老师？”

“她妈妈意识到孩子的问题了吗？”

“她已经意识到了。她也知道该改一下孩子的脾气了，否则就会害了孩子。她自己就是娇生惯养长大的，自我中心，任性，一家人迁就她。现在看到孩子这样，她也想改变，所以着急约您。”

“那就好，让她妈妈过来，我们一起聊聊吧。解铃还须系铃人，解决孩子的问题，要从父母开始。”

后来，他们夫妻一起来了，聊得很好。妈妈看到了自己对孩子的影响之大，意识到了问题的严重性，也想改变自己。给了她一些建议，她非常配合，女孩终于顺利高考完，上了一所211大学。至于她处理问题的方式，还需要慢慢改变。通往幸福的路还很长。

以身作则　自我改变

回想这三个多月以来，每次见面，这位妈妈总是泪流满面，经常泣不成声，说得最多的是“我从小任性，一家人都让着我，没想到，孩子改变了我”。

是啊，要想让孩子改变，就要从父母开始。父母是原件，孩子是复印件，想要复印件更好看，就必须努力修正原件，这是再简单不过的道理。

可是，很多父母却并不这样想。他们只希望把孩子教育好，千方百计地让孩子合乎优秀的标准。为了教育好孩子，什么都舍得，各种兴趣班、补习班，一对一高薪请老师，上最好的私立学校，再不行到国外投资移民等等，却从来不反思自己。他们不知道孩子的根连着的是父母，也不知道孩子的坏毛病、坏习惯是从哪里来的。一旦看到孩子的行为习惯有问题，就指责抱怨，矛头永远对着孩子！这无异于对着镜子大骂里面的人衣冠不整，蓬头垢面。只要不低头审视自己，对着镜子再着急用力，也不过是小丑的模样，体验到的只能是愤怒、挫败，直到最后无奈地放弃。

曾经有一个高二男孩，上学期间动不动就请假回家。妈妈很生气，说：“这个孩子就是懒，老师，你能不能说说他，让他努力学习。”

我问她：“孩子懒怎么解释？”

她说：“天天挂在嘴上的就是‘好歹就行’，和他爸爸一个德行。只要是稍微费劲的事，就不干。”

我问男孩为什么请假时，他说：“学够了，学习没有尽头，太累了，想请假歇歇。”

我问他请了假功课落下怎么办。他说：“好歹就行，无所谓。”

当爸爸的观念根深蒂固地扎根在孩子的认知里时，孩子已经成了爸爸的影子，他会用同样的观点看世界，同样的标准处理问题，想要改变他，只能重写他认知的程序。

这可不是轻易能做到的，更不是单靠哪位智者说说就能解决问题。这需要契机，需要生活事件和智者的智慧同时在场。生活给他点颜色看，智者适时给予点拨；生活让他痛，智者让他知道为什么痛，如何才能不痛。这样，在生活的鞭笞下，智慧才能引他走上正路。

前文这个女孩应该让我们看得特别清楚了吧，自我中心、任性、一直被让着。一旦有谁不以她为中心，就立刻愤怒，并不计后果地发泄情绪。

数学老师因为到上课时间，没能给她及时讲题，她就愤怒了，认为老师不重视她，看不起她，然后就摔了老师的水杯。班主任就此事进行教育，让她给数学老师道歉，她就认为所有人都欺负她，没给她讲题是数学老师不对，更过分的是还认为数学老师应当给前面同学少讲点，省下时间给她。

在她的认知里，一切不以她为中心的做法都是别人的错，都是别人不尊重她，看不起她，欺负她。这种彻头彻尾的自我中心、任性、为所欲为不是和她的妈妈完全一样吗？真是完好的复制品！至此，我们应该清晰地看到，父母对孩子的影响到底有多大，在这种强大的作用力下，其他的教育和影响产生的力量真是微乎其微。

最关键的是，女孩一旦形成这样的认知，养成这样处理问题的习惯，就会处处碰壁，时时遭遇生活的白眼，终其一生也不会幸福。这就远离了父母让她接受教育的初衷，抹杀了她的父母后期为教育她而采取的任何努力和付出。

女孩的痛苦来自从妈妈那里复制来的认知。她一直非常委屈地认为是别人错了，是别人对不起她，是别人欺负她。为此，她备感伤心，无法理解，总在不停地问：为什么这样？从她哭泣的伤心可以看出，她内心并不是想要无理取闹。她认为她有理，而且很有理；她不知道她这么有理，别人为什么如此对待她。她的疑惑是发自心底的。

这个令人心酸的大大的问号，说明她的认知和现实发生了严重冲突，这种冲突撕裂着她尚不成熟的精神世界，使其痛苦不堪。生活正在严肃地给她上课。她哪里知道，这只是妈妈的任性和自我中心传给了她，并在她幼小的心灵里生了根，并飞速成长，已经成为她认识世界的主体框架。因为这些，她注定要接受生活的教训。

所以，要教育好孩子，父母就要先做好自己，等孩子来复制。看到前面的复制，你可能觉得太可怕了。其实，复制不可怕，复制了不好的东西才可怕。

我们经常看到儒雅的父母会教育出彬彬有礼的孩子；同样，父母自信勇敢，孩子就会不畏困难，所谓虎父无犬子；父母勤奋努力，孩子就会积极向上；父母孝敬老人，孩子就会乖巧懂事；父母善良厚道，孩子也会心地善良，所谓家风代代传。

相反，如果父母蛮横，孩子就会无赖；父母拖延，孩子就会懒散；

父母贪婪，孩子就会不知足；父母暴戾，孩子就会冷漠；父母霸道，孩子就不会尊重他人。

孩子是父母的镜子，没有人可以看到自己脸上的灰，但是镜子可以，透过孩子，就能映照出父母自身的问题。孩子是上天派来修正父母缺点的天使，方法就是把你的缺点在他身上放大给你看。如果你有意识，早做改变，孩子就会继承你的优点；如果你没有意识，恣意行事，孩子会复制并放大你的缺点，你也会饱受其苦。你没有受到的惩罚，最终会落到孩子身上。

因此，家长对孩子的教育，绝对不只是识字、画画、弹琴、上补习班。这些都是在学校里能学到的，花钱请老师就能做到，是对孩子这件艺术品的外部雕琢和修缮。艺术品的神韵则来自家庭，家长对孩子的教育是生命成长，是精神引领，是人生航向，是茫茫大海上一艘巨轮的罗盘。罗盘的指针一旦有偏差，人生的航向将会大不同。

所以，想要孩子成为什么样的人，父母就要先做什么样的人，比言传更有用的，是以身作则，这是教育里最简单实用的道理！从这个意义上说，养育孩子的过程其实就是父母自身的一场修行。

盲目的平等和民主是一种灾难

一旦父母的尊严被踏倒在地，就等于推倒了约束孩子的围墙，从而让他们的心灵成为野生蔓长的杂草，不知道生活必须有界限，行为必须有边界。

唯命是从的妈妈

眼前这位朴实的妈妈，已经无数次落泪。她搞不明白，本来很听话的儿子，为什么会变得如此油盐不进，且冷漠无情，不懂感恩。

就在她伤心哭泣的时候，电话响起了。她漫不经心地伸手拿起电话，整个人仍然沉浸在伤心中。但是，电话刚接通，她很紧张地快速擦去眼泪，并迅速换上笑容，说："我一会儿就回去……你想吃啥？行……行……行……"

"是我儿子，我是偷偷出来的，没和他说。"

"做什么事如果不和他商量，他就生气、发火。刚才他说不想吃我做的饭，晚上想订外卖。"她放下手机，解释着刚才的通话，有些不好意思地对我说。

"平时和他说话都是这么小心翼翼吗？"我问了一句。

她愣了一下，说："我没觉得。但是，很迁就他是真的。一不顺着他，就闹，所以不想惹他。以前他不是这样的，很听话，很懂事，和我无话不说。我们家很平等，很民主。我经常对他说，父母就是你最好的朋友，是无话不说的朋友。"

"他很活泼，原来都是喊我'胖燕儿'，喊他爸'勇哥'。燕是我的名字，他总笑话我太胖；‘勇哥’是他说他爸是匹夫之勇，经常看不惯他爸做的事，所以就喊他‘勇哥’。当然就是开玩笑，我们也不在意，一家人的沟通交流很畅通。”

她满脸洋溢着笑容，似乎是在回忆，又似乎是在炫耀，看起来很陶醉于那段时光。

“现在呢？”

“现在，基本不和我们说话了。整天自己关在房间里，除了要钱，根本就不理我们。我和他爸爸一说话，他就大吼闭嘴，有时候还骂脏话：‘别BB了，傻B！’不沟通也不要紧，好好上学也行，但是从高一上学期开始，就不断请假，一个学期上了一半，下学期基本没去。给他办休学，他不同意，说同学都在高二，自己去高一和小孩子们一起，很没面子。高二开学两个多月了，还是不去。”

“高一刚开始请假是为什么，你们是怎么处理的？”

“刚开始他嫌累，说请假休息一天才能更好地学习。这个孩子很聪明，初中时成绩一直前几名，但是初三毕业那个假期，别的孩子都上补习班预习高一课程，他死活不去，天天到处玩。开学后功课多，进度快，他跟不上趟，肯定很累。他说累，我们也心疼，那就让他休息休息吧。没想到越请假越多，先是请一天，后来是两三天，再后来就一周多不上学。我们觉得不对劲了，就不让他请假，没承想他干脆连假也不请就不去上学了，说在学校待不下去，很烦躁。没办法，怕老师问，我们只好帮他撒谎请假。”

“也就是说，开始由着他请假，后来帮着他请假。”我笑了笑，总结了她的话。

我这样说，是为了把问题点出来。否则，她就会被牵着鼻子，一直陷在心疼儿子的节奏里，没有头绪，对自己存在的问题没有觉察。而一经点出，她马上就意识到了问题所在——作为家长，她不但自己放弃了对孩子的管束，而且还帮助孩子撒谎，孩子能不走下坡路吗？

她开始把注意力转向自己，很难为情地说："我们这样做不对，可实在没办法。他不去上学，和老师不好意思说，只能撒个谎，说他不舒服。为了让他上学，他提什么条件，我们都满足，只要上学就行。高一上学期，快过年的时候，要一双一千多元的运动鞋，说买了就去上学，给他买了；上学去了两天。又说游戏充值借了同学的钱，让我们还了，他就安心上学，我们帮他还了三千多元；还好，这次一直上到了放假。谁知转过年来又不去了，又要买宠物拉布拉多犬，没办法，给他买了，还是没上多长时间。后来又要零花钱，说每周给他五百块钱就上学，我们给了。就这样，断断续续上完高一，现在，又提出条件，让我们搬出去住，他自己在家住，说我们在家他心情不好，没法上学。但是，我们不敢，把他一个人放到家里肯定不行。

"现在还谈恋爱，和一个职业高中的女孩扯着。我发现那个女孩经常在我们都上班之后去我们家，我们还怎么敢让他自己在家住呢。

"现在就是因为不答应他自己住，就干脆不上学了。那天我气得不行，在客厅里哭了。他从卧室出来，朝我大声吼：'你哭啥哭，哭给谁看，觉得不爽，出去。'看到他恶狠狠的那个样子，我的心都凉透了。他怎么这么冷血？这么无情？我从小那么疼他，他竟然一点感恩心都没有。"

说着，她又哭起来，边哭边说了很多类似的细节。

没有规矩那不是民主

这个孩子，我没有见过。他妈妈说让他来，他坚决不来，说自己没毛病，反对见心理老师。其实，他说得对，他暂时可能没有心理病，暂时也非常清楚自己在做什么。我说的只是暂时，因为这样下去，慢慢地，他的心理就会出问题，也就不知道自己在做什么了。我也能断定，如果现在他来，他会表现得很懂事，并为自己的行为找出很多理由；但是，半年到一年之后，他就不会再为自己找理由，因为他会认为自己一切都对，他人都不对。

他的问题首先不是心理问题，而是家庭教育问题。他今天的样子，其实是父母一手造成的。

本来，他们亲子之间沟通似乎很好，随便说笑打闹，父母没有架子，孩子随便喊父母名字，家庭气氛看上去一片祥和。可是，为什么孩子突然之间就不理父母了，并且对父母大吼大叫，冷漠无情，不知感恩？这可能也是很多父母的困惑，为什么会这样？

问题出在父母对孩子的养育过程中，让孩子的认知乱了秩序，缺失了原则和规矩。陶醉于平等和民主，就由着孩子喊父母的名字甚至取外号，认为这就是平等，这就是民主，长幼之序荡然无存，他因此才为所欲为，不知道边界在哪里。就像一辆车在宽大的马路上横冲直撞，我们只看到车在乱跑，却没有看到这条马路根本就没有车行线。

试想，一条双向十车道的马路，如果没有一条实线、虚线，没有分隔栏，没有红绿灯，车怎么行驶？想转弯的时候在哪里转？想掉头的时候怎么掉？如果是老司机的话，恐怕连上路都不敢，因为他们知道没有标识线、没有分隔栏的马路，对他们的生命意味着什么。

马路上的实线、虚线、分隔栏、红绿灯，看起来是限制，但正是这些限制充分保证了行车自由，车辆才可以在马路上纵横驰骋而无危险。

没有限制就没有自由，生命更是如此。孩子的认知里要有原则、规矩，要有约束和限制，而这些主要靠父母帮助他们建立。

从这位妈妈的叙述中，我们不难看出，父母不但没有帮孩子建立原则和规矩，还在一步步帮孩子破坏来自学校的规则。

家庭中没有规则意识，没有秩序感，从毫无边界的亲子关系可见一斑。孩子不喊爸妈，对妈妈不但直呼其名，还加上了一个贬义的“胖”字，叫“胖燕儿”，而妈妈竟然觉得这是开玩笑。但是，这个名字如果换了另外任何一个人来喊，这位妈妈还能高兴起来吗？包括最应该喊自己名字的父母，如果你人到中年，父母喊你“胖燕儿”，你会高兴？喊爸爸“勇哥”，这个名字就更有趣了。是因为看不惯爸爸做事，取笑爸爸匹夫之勇，才这么喊，那不是相当于给爸爸起了个外号，每天都在取笑爸爸吗？而这，也被当作开玩笑。再换个角度试试，这玩笑能开吗？换成另外任何一个人，因为看不起你，取个外号天天喊，你能容忍吗？不揍他，就算你有涵养。但这对父母偏偏对儿子就能容忍，而且说起来还很得意，认为这是“很民主，很平等”。不过这份得意也就人前背后说说而已，上不得台面。没有哪一个父母会接受孩子在大庭广众之下，在庄严正式的场合里直呼自己的名字。

而这种现象不单单发生在这个家庭。随着改革开放，经济发展，很多人在家对孩子开始讲民主，倡平等。父母和孩子称兄道弟，或者孩子对父母直呼其名，在他们心里，这就是平等，让孩子说了算就是民主。

他们觉得自己在孩子面前从来不摆架子，这样的称呼拉近了和孩子的距离，孩子敢于和父母随便说话，愿意和父母说话，是和谐的亲子关系。其实，这样做，亲子关系看起来好像很融洽，但只能是在一定时期，某种条件下，是非常态，而不应当是常态。但是，一旦这种非常态成为常态，就会导致家庭的灾难。

如同前文男孩一家，当父母首先破坏掉家庭该有的序位，就等于毁掉了家庭关系稳定的根基。根基被挖走了，怎会建立起坚固的高楼大厦？平等、民主是建立在坚守原则、遵守规矩的基础之上的，而他们认为的这种平等和民主，不过是边界混乱、角色混乱、伦理混乱的一种乱局。在他们心中，根本不清楚如何去爱孩子，不知道对孩子来说，哪些是可以给的，哪些是不能触碰的。所以，他们讲平等就牺牲了长幼有序，讲民主就破坏了家庭规则。

他们不清楚，一旦父母的尊严被踏倒在地，就等于推倒了约束孩子的围墙，从而让他们的心灵成为野生蔓长的杂草，不知道生活必须有界限，行为必须有边界。他们开始生长在无所不能又无所适从之中，不受约束的欲望不断挑战父母心中其实还有的边界（比如青少年应该好好上学），这样下去，父母只能陷于痛苦之中。

没有次序就没有平等

脱缰的野马不是都可以再次被驯服的。

根本原因就是父母自己内心的混乱。他们或者曾经生活在高压管制的家庭里，受够了父母的管理和控制，对孩子的放纵只是自己的一种心理补偿；或者自己还没有做好当父母的准备，没有正确地对自己的身份进行定位，面对一个可爱的新生命，自然就找不到自己的位置，也就不能把他放到该放的位置上。

但是，对于父母来说，称兄道弟其实只是一种表面的允许，是一种对平等曲解的回应，是内心压抑的暂时释放，实质上没有人会允许别人挑战自己内在的自然法规，那意味着否定和践踏自己的尊严。和孩子称兄道弟也就是只允许有其名，不允许行其实。你可以口口声声喊哥儿们，但你不可能做真正哥儿们做的事，表面上给了孩子没大没小的权利，实质上他们骨子里还是有长幼尊卑的。没事的时候是哥儿们，有事的时候就是父权，谁也逃不了文化的熏陶和家族的传承。于是，当孩子的行为触碰到他们心中的自然法规的时候，矛盾就发生了。可是，孩子是多么无辜，是你让他叫你哥儿们，并告诉他，你们是无话不说的哥儿们，既然是哥儿们，他怎么就不能做哥儿们的事呢？是你破坏掉了他心里本该有的原则，你却要用规则来约束他，能做到吗？

但是，随着长大，孩子不会吃这一套，有没有规则，他完全可以试探出来。刚开始请假的时候，你是允许的，而且是一而再地允许，现在突然不允许了，孩子肯定不会顺从。于是父母再次犯错，对老师撒谎帮孩子请假，这其实就是在帮助孩子破坏来自社会的规则。就这样，孩子的父母成功地被降服了，成了他为所欲为的保护神。有了这层保护，你怎么能保证将来他不会触犯法律，而等父母来拯救呢？这样的例子还少吗？

可是到了这个地步，父母已经没有办法。孩子已经在没有约束中长大，现在再想约束他，他哪里肯听！在多次和父母的较量中，他已经精准地抓住了父母的软肋，要挟、控制了他们。先是上学要条件，接着用死来威胁，而一旦面对孩子的生死，就没有一个父母不认㞞了。

为了引导孩子在规则中行事，已经缴械的父母只好百般讨好，亲子关系又走向另一个极端——迁就讨好。讨好的关系一旦建立，父母就会终生被孩子牵着鼻子走。这就是盲目的平等和民主最终会酿成的悲剧。要想改变，必须先从父母的认知开始，痛下决心，厘清规矩。不以规矩，不能成方圆，一点没错。

天地阴阳，日夜交替，寒来暑往，万物有序，自然以其精密无误的秩序周行而不怠。秩序是万物兴盛的保障，没有了秩序，一切坍塌。

婴儿通过父母来到这个世界，父母就是他在人间的保护神，是他的天地，是他的仰望，是他的敬畏，是他照见自我的镜子，是他不离不弃的孝的对象。所以，守护亲子之间关系的基本原则，就是守护天使的翅膀，对此，为人父母者要高度清醒，千万不可“倒孝”而误导孩子。

你足够亮，才会照耀到别人

牺牲了自我的独立身份，隐忍、委屈，看似尽全力满足孩子所有的需求，同时也无意中将自我未实现的愿望投注到了孩子身上。这样的母爱对于双方而言，都会是不能承受之重。

满肚子的委屈

任何力量倒向一边的时候，都将是一种灾难。

这位妈妈哭了足足一个小时，仍然止不住抽抽搭搭，泪水和着复杂的情绪奔涌而出，尽管她多次试图抑制，可是根本无力抵挡。她如同一只温顺而疲倦的羔羊，已经被情绪的狂风卷进漩涡而呻吟低鸣。

一切都是为了她，一切都围绕着她转，她一出生，我就辞了职，全身心地照顾她。她爸爸在外地工作，两个月回家一趟，还要开会啥的，基本顾不上我们。她奶奶不喜欢看孩子，我也不用她帮忙。从小是我一口一口把她喂大，全部心思都用在她身上。

她小的时候身体很弱，动不动就感冒发烧，我天天带她奔走医院诊所，打针吃药，推拿按摩，忙得像个陀螺似的，累死累活还天天揪着心；一旦发烧，我就整晚抱着她不睡觉。平日里，晚上睡觉，要是一摸孩子身上凉丝丝的，心里那个高兴啊，真的就笑醒了。

被她生病吓怕了，从小吃的每一口东西都是我亲手精心制作，外面买来的东西也很少拿过来就给她吃，一般我都会重新加工一下。直到现在上高中，她的肠胃仍然不好，吃得少，很挑食，我每顿饭至少为她做三个菜，还不一定有她想吃的，所以经常还要重新做。

每天睁开眼就围着她转，我连感冒休息一下的资格都没有，每时每刻都在伺候她。

但是，现在却怎么都做不到她心里。从初二开始，就不让我去学校接她，不让我去开家长会；每次要开家长会，就打电话叫她爸爸回来。看我总是用鄙视的眼神，在家说话也越来越少。现在回到家就把门一关，根本不搭理我。

去年高考没考好，非要复读，条件是租个房子她自己住，说不想看到我，看到我心情不好。我那个伤心啊，接着就病倒了，吃了两个多月中药。

极度伤心让我下定决心不管她了。开学她爸爸和她收拾了一下租来的房子，她自己在那里住。但不到一周就不行了，吃坏了肚子，发烧，又叫我去陪她住。这不，我陪她住在这里两个多月了，没跟我说一句话。

昨天中午又发飙。她喜欢吃木瓜，她奶奶送来一箱，但是没一个熟的，我很生气，吃饭的时候多说了她奶奶几句，没想到她发疯一样嗷嗷大哭。说我只会抱怨，净跟她说家里那些有的没的破事；说我又不是没有钱，整天不知道打扮，穿得跟捡破烂的似的；没文化不讲究，天天发牢骚抱怨，像菜市场上的农村妇女。一句话，是我让她心情不好。

我的心凉透了。这不都是为了她，我哪顾得上自己！我不上班，没有社交，没有朋友，打扮给谁看？我年轻时在政府部门工作，也很时髦很体面，给我介绍对象的都排成队。生了她之后，变成这样，这不全是为了她吗？

她边哭边说。这一刻，她似乎是在说一个与之无关的陌生人，而不是自己的女儿；感觉她正在吃力地把孩子从自己身上剥离下来，想成为一个独立的自己。

她五官清秀端庄，但皮肤干燥多皱，看起来饱经沧桑；胡乱扎了一个马尾辫，头发还有些凌乱。穿的是黑色羽绒小袄、黑裤子，配一双半旧的运动鞋，的确看不出曾经的时髦，也看不出家庭经济条件的优越。

如她所说，所有心思都花在女儿身上了。女儿从小穿最时尚的衣服，每天换着穿，半个月不重样；梳各种辫子，光发饰就有两大箱。从上初中就买口红、眼影，周末偷偷描眉画眼；喜欢穿裙子，一放学就脱下校服换上裙子，衣橱里裙子二三十条。

她的房间不让我进，衣橱自己整理，说我太俗气，没品位。看她那嫌弃的样子，好像我进去会脏了她的房间。

怎么这么没良心，人家说子不嫌母丑，狗不嫌家贫，她连个狗都不如。

她奶奶一家人一点也不帮我们，我实在看不惯我婆婆假惺惺地对我们好，宁愿她不要过来。她每次来都会让我特别生气，气急了，我不跟她说跟谁说啊！家里没有别人。她就说我总是抱怨，像个怨妇。

反正，现在我在她眼里是一钱不值，做什么都不行。一直盼着她上大学走了，我就出去找个工作上班，也打扮得漂漂亮亮的，和人交往，有自己的朋友，为自己活一回。

但是这一愿望看来是盼不到头了。而且她的脾气还越来越大，动不动就冲我大吼。我心脏不好，前几天气得犯了心脏病。她才不管呢，竟然说，没有质量的人生早结束早好，活着有什么意思。

被她伤得透透的，我很多次站在窗户边想跳下去一了百了，可是，狠不下心。不论她多么没良心，当娘的舍不下啊，还是屁颠屁颠地伺候她。

你这么尽心，但她却非常反感，你有没有了解一下，她希望自己的妈妈是什么样子的？（我小心地问她。）

她希望她的妈妈漂亮时髦，有文化，出人头地，光鲜亮丽。天天羡慕同学的妈妈，说人家会打扮，说话好听，有品位。要不就说邻居阿姨，人家虽然并不多么富裕，每天送两个孩子上学，还画着那么精致的妆，打扮得那么漂亮。

反正就是嫌弃我不打扮，嫌弃我丑，没文化，没品位，嫌弃我唠叨。

你有没有想过改变一下呢？把自己也打扮得漂漂亮亮的？（我笑了笑，从女人天生都会有的对美的渴望的角度，回应她道。）

我哪有这个心思！伺候她都忙不过来。买菜做饭洗衣拖地，这两年我妈身体不好，挤时间还要过去看看她。她爸爸基本不回来，没有一个人替我搭把手，打电话还跟着嫌弃我。

她非常委屈地又擦起了眼泪。

看着她的委屈，想到了很多孩子对父母的不满和哭诉，我内心十分纠结。我知道，很多人都会以“子不嫌母丑，狗不嫌家贫”来批评孩子对父母的嫌弃，但是，实际上“子不嫌母丑，狗不嫌家贫”这句话并不适用于青春期的孩子。

这个年龄段的孩子其实非常害怕家贫，更忌讳母丑。在他们尚不成熟而又爱慕虚荣的心里，特别渴望家庭富有，父母体面。母丑和家贫都会让他们感到自卑。

度人要先修己

很多家庭条件不太好的孩子在同学中从来不提自己的家庭，不谈自己的父母。家庭和父母往往成为他们心中一个不愿意示人的角落，他们努力掩盖着，小心、惶恐，时刻怕被人发现。生活中这些孩子缺乏自信，比较自卑，或者强装着虚假的自信。相反，有些孩子对自己的家庭和父母会津津乐道，他们这样做不全是故意炫耀，而主要是因为他们自己对家庭和父母的感觉是美好的。这些孩子一般表现得也比较乐观开朗，自信阳光。

每次学校放假，我们可以看到，校门口经常有赌气的孩子，会撇开父母，自己跑回家。很多时候父母搞不清楚他们为什么脾气会这么大，其实，他们是在嫌弃父母给他们丢了面子。可是，良心又让他们无法说出口，于是他们就找茬儿发火。

一个男生曾经对我说：“我最怕的是周三开放日爸爸来给我送东西。下课后同学们都会去校门口找自己的家长拿东西，我老远就能看见他站在栏杆边，伸着脖子找我。人群中他最不修边幅，有时候穿着拖鞋、大裤衩就来了，大嗓门儿喊着我的名字。我感觉所有家长都在看我，恨不得钻进地缝里。每次拿了东西我总是掉头快跑，试图让人们看不出他和我的关系。可是他总想和我说话，就在后面大声喊，我头也不敢回，假装不是喊我。

“最近我还经常对他发火。我知道这样做不对，但是，他让我非常自卑，让我在同学们面前抬不起头，我害怕同学们议论我，笑话我。我经常想，贫穷的人家就不要生孩子，不要让孩子生下来就比别人低一等，跟着遭罪。”

暴露在人前的家庭的贫穷，特别是父母的文化素养的欠缺已经成为这个男生不愿面对的现实，他的灵魂为此而感到羞耻。所以，当爸爸一味用自己的方式对他好，越想靠近他，他就越想逃跑。他的努力掩藏消耗着大量的心理能量，从而让他感到厌倦和孤独。

还有一个高二女生说：“天天和妈妈吵架，我实在受不了了。每次吵完都后悔，狠狠地告诫自己，不要这样对妈妈。但是我妈这个人不但不在乎自己，对我们也是毫不在乎。上次忘了我奶奶的生日，我爸脾气暴，为这事和她吵架。没几天又忘了我姥爷生日，被我姥姥骂。同学们过生日都开 party，我从来就没过个像样的生日。前天是我十八岁生日，我觉得很有纪念意义，想一家人出去吃顿好的，庆祝一下，可是她不同意，说天热出去吃饭不卫生。我忍不住又发火了，那么多人在外面吃饭也没死掉，我们出去吃一顿会死吗！”

对很多妈妈来说，不在乎，毫无仪式感，可能觉得这只是对生活的粗疏，是小事。如果被别人指出，还会理直气壮地说：“我就这个性格。”然后，继续坚持用她的方式对待孩子。但对于孩子来说，这哪里是小事！他们感到的是自己不被在乎，不被关心，不被爱。他们敏感的心渴望细心的关爱像沙漠对水的渴望，如果久久得不到，他们就会失望，伤心，最后转化成愤怒。更让他们难以忍受的是，他们会感到自己的家庭和父母没品位，从而让自己在同学面前蒙羞，而这，对孩子自信心的打击常常是难以补救的。

可是，这种因为父母对自身形象的不注意和对生活的粗疏，给孩子带来的心灵上的伤害，很多父母却意识不到。列举这些例子不知道是否能引起你对孩子内心世界的体察。如果你感到吃惊，恭喜你，也许这会让你从此细心观察孩子，体贴孩子，不会犯同样的错误；如果你无动于衷，甚至只会责骂孩子没良心，只能说孩子好可怜。

面对眼前这位委屈的妈妈，除了感受到她的辛苦、她的不容易、她的伤心和委屈，透过她，你是否也清楚地看到了她女儿内心的渴望？

应当说，这是一个为了孩子完全牺牲了自我的妈妈，当她把全部身心扑到孩子身上的时候，她便失去了自我。虽然孩子已经脱离她的身体，但在她的意识里，自己的灵魂仍然和孩子连接成一体。她把自己的所有希望都寄托在孩子身上，精力全部输送过去，孩子哭她就哭，孩子笑她就笑，生命附着在孩子身上，价值通过孩子来体现，而她自己完全成了一具无神的躯壳，成了一个喂养和照顾孩子的机器人。

很多人会赞美这种母爱，认为这是无私、奉献，是无比伟大。但是在心理学家荣格的精神分析理论里，这种母爱已经过度了。这是一种牺牲，是一种生命的献祭，这种能量中的母爱已背离了“母性”的特质，精神分析将其视为“制度化的母性”，它不再是出于本能，而是一种被制度或文化束缚下的产物，一种被扭曲的“母亲原型”。

“母性”在这样的语境下已经成为相夫教子的功能性存在，“母性”角色只是隶属于某一个家庭或另一个个体，却唯独不是女性本身，是陷入了“母亲原型”的阴影里，而这，意味着牺牲了自我的独立身份，隐忍、委屈，看似尽全力满足孩子所有的需求，同时也无意中将自我未实现的愿望投注到了孩子身上。这样的母爱对于双方而言，都会是不能承受之重。

牺牲自我不能滋养和支持孩子

有个故事说，母子两人长途跋涉，一路忍受饥渴，好不容易找到一家客栈。妈妈很穷，身上的钱只够买一碗米饭，于是妈妈把米饭推到孩子面前，看着孩子吃。孩子抗拒不了难耐的饥饿，吃着碗里的米饭，眼睛望着同样饥饿的妈妈，他边吃边流泪。面对这样无私的母爱，即使这碗米饭能填饱他的肚子，他也不会有幸福的满足感。他实际感到的仍然会是饥饿——来自妈妈的饥饿，以及对穷困的无奈和恐惧，还有深深的愧疚——自己吃了米饭，妈妈仍在挨饿的愧疚。

同样的故事，让我们假设另一种情况，妈妈很富裕，面对孩子，她备下了足够的美味佳肴，和孩子一起吃，这时候孩子的心情会是什么？相信他感受到的是完全的久旱逢甘露的幸福，是深爱的人——妈妈同样得到满足后给自己带来的快慰。

爱就是这样，当你足够亮，才会照耀到别人。所以，好妈妈像灯，要不断给自己添满油，才能有充足的光照耀孩子，而不是像火把，只知道无尽地燃烧自己，让孩子看到的永远是火把的灰烬。

眼前这位泪流满面的妈妈，不顾自我地奉献，掏空自己抚养孩子，在失去了自我的同时，她用什么去照亮孩子？对她的女儿来说，她多么希望妈妈是一盏添满油的足够亮的灯，她要在妈妈的光照里欢快地舞蹈、成长，那才是对她最好的滋养。

所以，好妈妈要学习，要不断提升自己，让自己光鲜亮丽，活得精彩，用自己生命的绽放带给孩子以精神上的富足感。心理学调查发现，妈妈注重穿衣打扮，时尚美丽，形象好，会提高孩子的自尊，让孩子更加自信。这一点，看看那些妈妈经常被夸漂亮的孩子的表情和神气就知道。相反，邋遢，粗俗，不讲究，则会降低孩子的自尊，造成或加重孩子的自卑感。

好妈妈还要懂生活，特别是家庭生活。懂得家庭生活的妈妈不仅会把家打理得井井有条，还会让生活充满仪式感，让日子过得有意义。她们会用家庭生活的点点滴滴诠释尼采说过的话："每一个不曾起舞的日子，都是对生命的辜负。"她们会花一些小心思在家庭中创造浪漫和温馨的气氛，她们记得家里每一个人的生日，记得他们夫妻的结婚纪念日，记得一年中每一个重大和不起眼的节日，并懂得和利用这些节日的意义。

除了隆重地庆祝春节，她们会在清明祭扫之日，不忘给孩子们煮上鸡蛋，提醒他们珍爱视力；她们会在端午节邀请一家人一起包粽子，让每一个人都享受到家的温馨；她们会在六一儿童节给小孩子准备精美的礼物，让他们从惊喜中感受到父母的爱；她们会在中秋节准备丰盛的菜肴，一家人邀月共饮，对酒谈心，融融月光下，拉近心和心的距离；她们会在孩子的生日，写一封饱含深情的信，传达对他们的爱和希望，让孩子感动于胜过千言万语的教导；她们会不时地买一束鲜花，插进花瓶，精心浇灌，让家更美丽，更富有生机和活力。良好的家庭氛围，是好妈妈送给孩子成长最好的礼物。

好妈妈同时也懂得打扮自己，从外形到内心。她们的衣服不一定昂贵，但一定干净；她们不一定浓妆艳抹，但一定毛发不乱；她们给孩子穿衣不追求名牌，更讲究舒适和干净；她们陪孩子一起读书，不为搜寻教育方法，只为丰富自己的内心世界；她们不断学习新鲜事物，跟上时代的步伐，缩小和孩子的代沟；她们高标准要求自己，为的是给孩子做榜样……她们深知教育靠影响，习惯靠带动，健全的人格培养靠父母的榜样效应。

在这里要特别提醒妈妈们注意的是，好妈妈绝不会唠叨。唠叨是女人的天性，但却是教育的大敌。好妈妈懂得唠叨只会让孩子反感，让孩子更逆反。对孩子的教育应该让行动说话，而不让嘴巴唠叨。她们深知，唠叨其实是一种病，毒害的是最亲近的人的耳朵和心灵，一旦得上这种病，就会永无休止，最终烦恼的是自己，疏远的是亲人。所以，发现自己唠叨，赶快治，千万不要以为天性使然，无碍大局。

当然，问题之所以成为问题，往往是因为不自知，如同溺爱孩子的父母总觉得给孩子的呵护仍然不够一样。那怎么办？还是那句话：父母和孩子要互为镜子。一旦孩子出现问题，父母要懂得反观自己，发现问题，修正自身。这样，智慧之光就会闪烁在父母身上，并同时照进孩子的心灵，让他们的内心充满自信、骄傲和自豪，他们便会以高贵的姿态面向世界。

母爱柔软，但有骨骼

天下莫柔弱于水，而攻坚强者，莫之能胜。

——《道德经》

一巴掌的爱与怒

想起昨天的一幕，心头便觉沉重。是什么力量如此不可思议，使得母不母、子不子？

还是从头说起吧。

男孩在上高一，这几天正在家反省，原因是在学校打架。妈妈特别生气，因为男孩已经不止一次被赶回家反省。但是生气也毫无用处，该说的话全都说过，男孩一概当作耳旁风，就一个理由——心烦，在学校待不下去。实在没有办法，最后妈妈连哄带骗，带男孩来到我的工作室。

妈妈走在前面，满腔怒气，呼呼带风；儿子跟在后面，垂头丧气，一脸不屑。

我倒了两杯水，请他们坐下。妈妈说："刚反省没几天，又被赶回家，我们当父母的实在没招了。他这个样子，您说该怎么办啊？"

"我什么样子？"儿子突然大吼一声，吓了我一跳。妈妈一听，扭过头去冲着儿子也大声喊："干啥你，看你这个样儿。"

"我这样怎么了？"儿子伸着脖子，青筋暴起，瞪着眼睛，冲着妈妈嗷嗷大叫。

"你再这个样儿……"妈妈声音放低了。大概是被他的气势压下去了，也许是想慢慢缓和一下，或许是在外人面前有所顾忌。但他似乎毫不理睬，反而越发生气了："我就这样，谁也别想管我，妈的，操，混蛋。"

妈妈呼地站起来，说："你骂谁？"

"就骂你，够了！实在够了！看够了你那张嘴脸。"

猛地，妈妈一巴掌打到儿子脸上。儿子立即发疯一样地嗷嗷大吼，听不清骂的是什么，只看到茶几上的纸、笔和水杯满天飞；紧接着，门开了，男孩疯一般冲了出去。

整个过程不到两分钟，像闪电一样，发生，结束。

妈妈一屁股坐了下来，抽出一张纸巾擦脸上的水，纸刚到脸边，便哭了起来，水和着泪，一起流下来。

一切瞬间结束，既来不及反应，也看不出门道，不知道他们到底是为什么，也不知道他们到底怎么了。但是，我清楚地感受到整个屋子里的情绪，就像一阵飓风，搅动两个骨肉相连的人大打出手。

我一边收拾散落满地的东西，一边说："去看看孩子吧。"她说："没事，他爸爸在外面。"呵，这是早有准备啊！

于是，我俩一起收拾东西。她有些不好意思，说："让你笑话了。平时他就不敢这样，今天不知道抽了哪根筋，回去再收拾他。"

"回去还收拾啊？"

"不能这么饶了他，简直要反了。从小他不敢这样，用皮带抽他，他都不敢动一动。"

"经常打？"

"不经常，他从小很怕我，我只要一大声，他就乖乖的。就是从高一，开始不服，要造反。路上我训了他一路，他还没敢吱声。刚才大概是当着你的面……嗨，男孩子，镇不住不行。"

“男孩子，镇不住不行。”这可能是很多妈妈的观点。在她们看来，男孩子胆大心大，就得从小吓唬住，不服就打。她们总是试图用武力震慑孩子，孩子怕了，就以为他们服了。其实，从前文的案例中，大家可以看出，用打的方法教育孩子是下下策，是父母无能的表现。尤其是父母为发泄情绪而动手，更是对孩子的一种犯罪。

打是没有用处的。不怕打的孩子，打不得；怕打的孩子，真正怕的是父母，不是被打，既然已经怕父母，为什么还要打？身边无数例子告诉我们，想靠强硬手段制服孩子，最后失败的往往是父母。即使孩子不敢反抗，但是他们心里也绝不会信服。

刚才男孩已经用行动证明了这一点。他是不服的，对妈妈的做法，不仅愤怒，而且厌恶，直接用了“嘴脸”一词来捋妈妈。一颗心被愤怒和厌恶填满，在家不敢反抗，到学校能表现好吗？

心理补偿的结果

我说，女人是水，上天给了女人柔弱的天性，女人就该用好这一天赋的能力。作为妈妈，对孩子更不能失去温柔。但是，她却坚持说，男孩必须压制住，不然，一旦放纵，很可怕，妈妈太温柔了不行。说着，又长叹了一口气，悲伤地说：“我对他这么狠，纯粹是被我妈气的！”

我大惑不解，看着她。稍稍停顿了一会儿，她开始说起来。

我妈就是个性格特别温柔的女人，对我弟弟百依百顺，从小我弟弟要啥给啥，想干啥干啥，在她那里没有不行的事。

我弟弟很调皮，不听话，又有我妈的好脾气惯着，蹬鼻子上脸，毫无底线。平时一点也不想付出，光想投机取巧。学不好好上，职业高中上了两年就辍学了。在家什么活儿也不干，整天游手好闲，我妈的工资不够他花，还问我要。

有时候我妈发了工资没几天，他就花完了。我妈没钱买菜，一家人就吃冰箱里的东西，好几天吃不到新鲜菜。气得我真想抽他……就这样，我妈都不骂他一句，更不用说打。恨得我牙根儿疼，一千次一万次地跟我妈说，不要这样惯着他，会害死他。我妈也知道不对，但人家就是脾气好，看得下去，你能怎样？

结婚时买房买车全是我妈的钱，自己一分也没有。自己都有儿子了，还跟我妈一起住，没钱了就要。我妈好不容易攒点钱，给他两万，立马就不见影了，出去就狐朋狗友，花天酒地，花完了就回家睡大觉，等着吃饭。看到喜欢的东西就想买，没钱就开口要，气得我半死。都自己过日子了，我妈的钱花完了不说，还要我的。每次我说不给，我妈就说："他也得吃饭呀，总不能看着他饿死吧。"

看到我妈软弱的样子，那么受难为，我不是还心疼她！真是丝毫没有办法。就因为这样，我从上大学就发誓，将来我有了儿子，坚决不能好脾气惯着他。

她一边说，一边涕泗横流。愤怒、无奈、悲伤、绝望搅和在一起，聚集在她身上，像不受控制的野火四处乱窜，让她无法驾驭，难以拿捏自己对儿子爱的分寸。真不知道这个妈妈经历的是人间什么滋味，才最终导致了母子之间的冰火两重天。

其实，导致这样的结局也并不奇怪，她对儿子的极端严苛是典型的心理补偿作用。心理学认为，当一个人对一个对象无能为力的时候，便会在另一个对象身上找补。一旦有了这种心理，前一个错误就会成为后一个错误的坚实基础，前面错得越离谱，后面就越容易走向另一个极端。妈妈对弟弟的纵容，弟弟的没出息不争气，让她愤怒又无奈，于是，自然而然就形成了她坚定的信念：男孩子，镇不住不行，不听就打。这其实也是她选择的爱的方式。

柔软不应走向溺爱

应当说，母爱的伟大是没有一个词可以描述的，任何言辞都不能确切地指向它本来的样子。它就是滋养，就是孕育，如“上天之载，无声无臭”。但是，一旦母爱有了条件，有了特殊的情境，掺杂了妈妈作为一个女人的性格特点，它就会表现出千差万别，其对生命的滋养程度也就各有不同。

可以看出，这位妈妈太刚强，想用强硬压制住儿子，并坚信像她自己的妈妈那样太温柔了不行。因为妈妈对弟弟失败的教育，弟弟一塌糊涂的人生就是活生生的例子。于是她反其道而行之，从一个极端走向另一个极端，选择用强制的手段对待孩子。

但是，作为妈妈，即使态度再严厉，手段再强硬，也脱不了女人柔弱的天性，哪怕是打，对大孩子来说也毫无震慑力。你使出浑身的力气，他胳膊轻轻一抬，便瞬间渺视了你的威力，让你举起的手显得那么滑稽。妈妈打孩子，也就是虚张声势，只能小的时候吓唬孩子，在大孩子眼里，你打的样子就让他觉得好笑。

更何况，教育应该发生在孩子的心灵，并不是打骂能够使其信服的。相反，妈妈的温柔、包容和宽厚中却有无穷的力量。与父爱不同，母爱似水，这一点，好妈妈都会懂得。诚如《道德经》所言：“天下莫柔弱于水，而攻坚强者，莫之能胜。”“天下之至柔，驰骋天下之至坚。”柔的力量无边，这是上天对女人的垂青。所以好妈妈都会用好温柔的力量。

曾经有一个高三的男生说，自己最怕妈妈伤心失望，所以非常努力学习，但成绩总也提不上去，所以很苦恼。谈话中他屡次提到妈妈，我禁不住问，妈妈对你学习要求很严吗？他说，不严，基本上不管我学习。她很少批评我，从来不发火，但是我做错了事，她会让我坐下来给她解释一下。“我其实挺怕她的，不知道为什么。”

真正的怕不需要理由，不需要形式，这大概就是从内心里生出的敬畏，是孩子对妈妈的信服。这促使他自觉自愿用妈妈的喜怒作为约束自己行为的标准。如《道德经》所说：“善闭，无关楗而不可开；善结，无绳约而不可解。”意思是说，善于关闭的人，不需要门闩别人也打不开；善于捆绑的人，不需要绳索别人也解不开。哪里需要威风凛凛的声势？心服才会听从指引，才会遵从教导。心要服从，必然经历敬佩、感动、尊重、信任等情感的洗礼，而这些良好的情感体验，没有一样是打骂和狰狞的面目能够给到的，往往都来自宽容、温厚和博大的爱。

你会说，前文这位姥姥够温柔了，从来没有脾气，不论儿子做什么错事，都能包容，难道就是好的吗？作为妈妈温柔是有了，但真正意义上的母爱，却缺少了原则，也缺少了智慧。一味温柔，一味包容，其实就是对儿子的放纵，放纵到不能控制的时候，温柔就变成了软弱。而软弱是没有力量的，也不可能对孩子形成任何约束。性格软弱的母亲给孩子的是溺爱，溺爱的害处，如果没有引起你的注意，现在看一看这位刚强妈妈“弟弟”的人生现状，就再清楚不过了。

温柔的原则

母爱似水，至柔但蕴含力量；母爱柔弱，但一定要有骨骼，那骨骼便是规矩，是原则。好妈妈永远温柔而坚定，温柔对待孩子，坚定恪守原则。妈妈坚定了，规矩和原则在孩子内心里就会清晰、明确；妈妈温柔了，孩子就会感动、心服。

一个高一的女孩，周末和同学出去玩，禁不住爱美的诱惑，偷偷染了红色指甲。傍晚要回家时，却非常害怕妈妈看见，就想把颜色抠下来。但是抠不动，就用刀片刮。一不小心把右手食指指甲割掉半块，连着一块肉，还留下一道深深的口子，所以必须要去医院处理伤口。这下该瞒不住了吧？但是女孩儿仍然没敢和父母说，就自己去了附近一个卫生室，包扎好伤口，这才回了家。

这个事情是后来她告诉我的。我问她，当时回家的时候什么感觉，她说手指剧烈地疼，但不敢表现出来，还强装镇定，和妈妈轻描淡写地说，不小心划破了，为了不感染细菌，就包起来了。

我问她，当时不敢说是害怕什么呢。

她说："其实也不知道害怕什么，后来想想即使当时和我妈说了，她也不会批评我。她肯定会先心疼我的手指，赶紧和我去医院，但是，这不是做贼心虚嘛，我妈一直要求我一定要干净整洁，大方得体，不穿奇装异服。而我偷偷染了指甲，她心里肯定不愿意，所以就想在回家前赶紧弄掉，没想到代价惨重啊！"

"你觉得如果染了指甲回家，你妈妈会怎么样呢？"

"也不会怎么样吧？大概会让我赶快洗下来，可能她还会帮我洗。"

"那你还那么害怕？"

"也不是害怕我妈妈，她从来没有大声批评过我，就是觉得自己做错了，不应该这么做，得赶紧改过来。就是那种偷偷吃了东西，赶紧把嘴巴擦干净的感觉，老师你懂吗？"

她调皮地眨巴着眼睛的神情，至今还经常浮现在我眼前。每每想到，心中就会充满喜悦和无限欣慰。

这是一个自律的孩子，在她内心深处，妈妈已经成功地帮她建立起了规矩和原则。当她做事的时候，自然会受到这些规矩的监督，而不是害怕妈妈的打骂。有时即使禁不住诱惑有所超越，内心的规矩也会时时闪现，让她不安，促使她悔改。

这才是高水平的管教，也就是所谓“行不言之教”，用不言的方式施行教化。无需唠唠叨叨，更不必打骂恐吓，只需帮助孩子建立起各种规矩和原则，并身体力行，维护规矩和原则不被破坏，以此让孩子自觉，认识到这些都是为人之必须，并服膺认同，从而内化为孩子内心的行为准则。这就帮助孩子完成了他律到自律的转化，而这个转化一旦实现，作为规矩代言人的妈妈就可以撤退，而让准则来约束孩子。

打骂和吓唬，只不过是外在的干预，这种干预越强，产生的反作用也越大。因为这会严重伤害孩子的自尊，所以必然导致对抗。当孩子把力量用在对抗父母的时候，自然就顾不上约束自己了。说到底，外力是无法制服一个人的，真正约束一个人行为的力量一定在人的内心里，那就是表现为各种规矩和原则的道德律，是做人的良知。康德的墓志铭上说：“有两种东西，我对它们的思考越是深沉和持久，它们在我心灵中唤起的惊奇和敬畏就会日新月异，不断增长，这就是我头上的灿烂星空和心中的道德律令。”

而每个孩子内心深处的道德律令常常是好妈妈用母性的温柔唤醒的。

教孩子为自己立法，做自己的主人

自律是一切真正道德的源泉，只有自律的行为才是真正道德的行为。

——康德

被管制的男生

“我才是最老土、最无知的那个。”他狠狠地说。

这个高二男孩，一米七五左右，白净腼腆，微胖的脸蛋还没脱去少年的稚嫩，嘴角上稀疏的几根胡须，随着嘴唇的翕动舞蹈着，似乎在诉说他已经长大。

但他确实还没有长大。当他说出这句话的时候，像个孩子一样流泪了。妈妈一问，他干脆呜呜哭了起来，边哭边说。

“同学们在一起谈的话题，我都不知道。他们谈论游戏、明星、电视剧，我像傻子一样啥都不知道。我只好不说话，像个外星人。你总说他们生活在小县城，见识少。其实，一点都不是，我才是见识最少的那一个，我才是！”哭着说着，他愤怒了，两手发抖，嘴唇哆嗦。

让他的妈妈暂时回避，我要和他单独聊聊。也许好久没有说话了，也许终于找到了可以倾诉的人，也许心中的郁闷憋得太久，所以，当妈妈刚一离开，他便滔滔不绝地说了起来，说出的话简直就是对妈妈的控诉。

为了让他能考上一个好大学，初二的时候，在妈妈的坚持下，他从省城转到了县城读书。他说，那时候他不敢反抗，他知道反抗也没用，只好同意。可是来到新学校后很不适应，这里的学习时间安排得非常紧，节奏非常快，同学们学习也非常用功，他丝毫不敢懈怠，连回到家还要学习。这是他在省城的时候从来没有的事情。

其实，不学习也没有别的事情干，一个人住在租来的房屋里，没有电视，没有手机，只有自己的书包和学习资料，不学习他又能干什么呢？

他曾经大胆地提出想要一部手机，理由是好和父母联系，同时可以当作闹钟。妈妈坚决反对，倒是立刻给他准备了两样东西，一样就是铃声巨大的闹钟，一样就是监控。妈妈说，这样他们就可以随时看到他，他也必须按时回家；手机是坚决不给的，因为怕他管不住自己。

就这样，他苦熬了两年，成绩比原来提升了很多，并成功地考上了重点高中，进了实验班。爸爸妈妈特别高兴，为他们决策的英明正确而信心倍增，从此，对他的管教更加严厉了。

高一时，班主任告诉她，我在班里不爱说话，不跟任何人交流；同学们讨论的时候，我也拒绝参与。整天郁郁寡欢，只是偶尔跟前桌一个女同学说话时，能露出笑脸。老师的意思是想让我多跟同学交流，但是，不知道她是怎么想的，竟然认为我谈恋爱了，于是开始疯狂监控。先是她跟爸爸轮流来住了两周，每天接送我上学，亲自观察。然后跟所有的老师谈话，了解情况，并且多次旁敲侧击地盘问那个女生的情况。真是够了！从此，我对所有人都收了笑容。

他们最终也没有查出蛛丝马迹，这件事才不了了之。但是从那以后，每次说教的内容除了要认真学习、努力学习之外，又加了一条：高中时期太重要了，坚决不能谈恋爱。

> 我感觉自己要疯了，特别想念初中的小伙伴们。那时候我们放了学，一起说说笑笑，一起玩。妈妈总害怕我学坏了，但现在我没有一个朋友，周围的同学看我像怪物……我为什么不说话？因为他们议论的东西我啥都不知道，只好装高冷……最近不知道为什么，我的脾气特别暴躁，只希望高考快点结束。

说了这些，他的情绪慢慢平静了，但看上去是很无力又很无奈的样子。

我问他："那你需要我帮助你什么呢？"

他说："老师，没用，他们不会听的，尤其我妈。"

"说出来试试看吧。"

他说："能不能让她别管我了，我已经长大了，我知道该怎么做。"说到这里，他停下了。沉默了一会儿，接着又诺诺地说："其实，他们完全不管我也不行，如果他们不管我了，我还真不知道该怎么办。"说着，便垂下了头，眼泪吧嗒吧嗒流了下来。

"我不知道该怎么办。"他弯下腰，胳膊肘撑在膝盖上，两手捂住脸，呜咽起来。

你看，这个孩子是多么伤心，多么难受，多么无奈，又多么让人心疼。

超级保姆的代价

为什么会这样？

其实，这一切都缘于父母的管制。父母对他的管教是密不透风的严防死守，对他的监督丝毫不顾他的尊严。也许这已经是他们家的习惯，从小就是这样管理过来的，要不然他怎么会对父母如此依赖。可是他毕竟要长大，长大首先要独立。

受够了父母的这种管教，他开始愤怒地控诉反抗。但是，如果父母真不管他了，他又会觉得不行，感到迷茫，不知所措，仿佛一个儿童刚刚要离开父母，充满了恐惧和不安全感。厌恶和反抗父母管教，同时又没有胆量和勇气离开，于是他宁愿委曲求全。因为，离开父母的管教，他真的不知道该怎么办。

他已经将生命的控制权主动交出，放弃了自我。原因很简单，他有一个超级保姆式的妈妈。

很多父母不了解的是，青春期的孩子最不喜欢的就是被管制，最反对的人当然就是管制他们的父母。很多孩子诉说父母如何控制他，如何强迫他，如何对他不放心，如何不懂他，如何不知道他已经长大，听上去他们特别想夺回管理的主权。

但是，在大量的调查当中发现，最依赖父母管理、最离不开父母管理的孩子，也是他们。对于父母的管教，他们通常的反应，就像刚才这位男生说的："如果他们不管我了，我还真不知道自己该怎么办。"就这样，在他们的生命里形成了一个巨大的矛盾，不断成长的自我要反抗外来的管教和约束，但是很不成熟的心灵却十分依赖父母。

相反，你会发现，那些从小就开始学习自己管理自己的孩子，到长大时会表现得非常独立自主，他们就像蒲公英上熟透的种子，每天迎风飘舞，随时准备飞翔。

差距如此之大，其实道理很简单，自主能力有高低，面对生活的表现自然就大不相同。长期被父母管教的孩子会失去自主的能力，他们已经习惯于依赖，习惯于被支配、被安排，习惯于按照别人的指令行事。他们行为的所有约束都来自外部，要么是父母的命令，要么是学校的纪律和规则；他们的生活很简单，父母让他怎么做，他就怎么做，老师让他学什么，他就学什么，然而，最应该对他的行为发出指令的他自己的内心却空空荡荡。

大概没有父母愿意培养出内心空虚、不能自主的孩子，可是很多父母的所作所为却与此相反。从小到大，他们养育孩子，一口又一口地喂，就这样，他们以自己的爱心和辛苦，扎扎实实地夺走了孩子的自主能力。他们的理由响当当：孩子还小，管不住自己，所以父母必须亲自上阵去管孩子。他们认为，这是他们浓浓的爱心使然。但归根究底，在他们的内心深处，就是三个字：“不放心”。不放心孩子自己吃饭，怕吃不饱；不放心孩子自己穿鞋，怕穿反了；不放心孩子自己出去玩，怕迷了路；不放心孩子跟小朋友在一起，怕被欺负；不放心孩子自己去上学，怕路上车多不安全；不放心孩子跟小朋友一起玩，怕学坏……于是，父母事无巨细都是亲自上手，所以，孩子从小到大根本就没有管理自己的机会，哪里来的管理自己的能力？

其实，“不放心”不过是很多父母自己的控制欲和不安全感的折射。在这些父母看来，只有把孩子牢牢地保护在自己的翅膀底下，孩子一举一动都在自己的视线范围内，心里才踏实。他们口口声声为了孩子好，无非是想通过被需要来实现对孩子的控制，让孩子对他们总是有情感和精神上的负债，从而顺从服帖，以此求得自己内心的安宁，可是，他们没有想到的是，这样做的代价是可怕的，因为它夺走的恰恰是孩子最应当具有的自我管理能力。

而这一切都是悄悄发生的，等父母发现的时候，已经晚了。还有很多父母，终其一生都不会承认自己的错误，尽管他们口头上通常也会说，要做民主型父母，让孩子学会自律、自制。

做自我管理的教练

智慧父母从来不把孩子当作自己管理的对象，而是做引导孩子自我管理的教练。他们不会放过任何一个锻炼孩子自我管理的机会，从小教育孩子自己的事情自己做，家务事情大家做。他们要锻炼的不仅是孩子的身体，更是孩子的心灵，只有心灵健康、内心强大才能更好地驾驭自己的身体，即如卢梭所说：“人之所以能够独立自由，不是由于他的臂力，而是由于他的心灵的节制。”

人的心里常常充满了生命意志和欲念的搏斗，智慧父母要让孩子学会管理自己的欲念，学会克制。在餐桌上摆上精美的食物，会和孩子说明，美食不可多用，然后让他自己吃饭，吃多吃少他自己控制，教会他对自己的行为负责。电视机摆在那里，会告诉他多看电视的害处，并商量规定好每天能看电视的时间，然后就让他自己决定看不看，看多少。开始的时候，他如果不遵守规定，就制定出惩罚措施，让他付出代价，使他不敢违规。到后来，他就会渐渐明白，规则是不可逾越的墙，慢慢意识到自由只在规则范围内，这样，他就可以权衡利弊，自己决定如何处理。

学习的事，父母更不该过度卷入。这更是他自己的事，做得好不好，学校老师会给出评价，父母只需要让他清楚地看到努力学习的好处，包括会得到老师的表扬，受到同学的崇拜，会得到所有人的尊重，获得人生的成就感，等等，并体验到学习好的快乐。而这些都不是靠说教就可以达成的，父母作为教练要去陪练。如果要让他学习时集中注意力，父母就不要在旁边看电视，打扑克，最好是自己也在专心致志地做事情，比如读书写字，织毛衣等。父母的安静会使孩子心神安宁，精力集中，慢慢养成专注的习惯，专注就是很好的自我节制，是精神的高度自律。

对于生活中的诱惑，父母也不会感到恐惧，不会躲避，不会用拿走的办法暂时制止孩子的欲望，而是借助这些诱惑，教育孩子学会抵制，引导孩子用自己的理性战胜欲念，以此不断强大他的理性和意志。因为，他们知道，真正的欲念不在外面，而在心里。每个人的心里都有一个天使，一个魔鬼，人性的善恶取决于由哪一个说了算，理性战胜欲念，就是天使制伏了魔鬼，这样的人才是最大的强者。当一个人的理性把欲念之魔降服的时候，就真正实现了自律。所以，自律就是“自己为自己立法”，自己制定道德准则又要求自己遵守。在没有人现场监督的情况下，他们也会自觉地遵守内心制定的法令，拿它来约束自己的一言一行。

学会自律

自律是一种理性的象征，是一种用理性克制欲望和本能的能力。真正的自律是一种信仰、一种自省、一种自警、一种觉悟，它会让心灵充满智慧而且强大，让人永远充满积极向上的力量。

自律也是一种伟大的人格力量，没有它，一切要求和命令都会变得形同虚设。

自律的种子一旦在孩子内心生根发芽长大，孩子就会“如兰生幽谷，舟行江海，无人也始终如一”。这时候，父母也就完全没有必要不放心了，因为“处于最好状况下的事物是最不容易被别的事物所改变或影响的，最勇敢最智慧的心灵，最不容易被任何外界的影响所干扰或改变”(柏拉图《理想国》)。就像《爱弥儿》中卢梭训练爱弥儿一样，把诱惑给他，再让他自己拒绝。他把爱弥儿引到爱情面前，让他自由陷入，然后告诉他，为了成长和成熟，你必须离开你深爱的苏菲。这是对自我意志的一次残酷的考验，一般孩子恐怕是做不到的，但是爱弥儿可以，因为他从小经历了各种锻炼，培养起了强大的自律意识。

关于手机等电子产品的管理，也同此理。手机等电子产品，对于孩子们来说，就像是磁铁，他们不可避免地会受到诱惑。靠近就会被超强吸引，搞不好就被吞没。网络成瘾作为一种心理病，毁掉了大批孩子。然而，手机又是现在生活中无法离开的基本工具，联络、支付、导航、就诊等无一不需要手机。在单位，手机更是基本的办公工具之一，离开手机寸步难行。所以，孩子必然要拥有手机。因此，处理和手机的关系就是孩子的必修课，孩子必须要学会自己管理手机——这个伴随他一生的东西，而不是靠父母或者任何外力来抵抗手机的诱惑。

不论诱惑有多么巨大，既然是孩子必须要面对的，智慧父母就不会回避、躲避，而是把这当作一个培养孩子自律能力的契机，像对待“棉花糖实验”中的棉花糖一样，很自然地把它放到孩子面前，告诉他如何使用，以及过度使用的危害，并和他商量好使用的规则，然后就让他自己去合理使用和管理，这样，他们很快就学会自己管理手机。

在中学生中，你会发现，很多孩子都能够很好地管理自己的手机，绝大多数孩子在父母的监督下能够合理使用手机，只有少数孩子可能会过度使用或者上瘾，而这些孩子往往在其他方面的表现也不尽如人意。

为了帮助孩子们管理好自己的手机，看清楚手机的诱惑到底有多大，以及养成玩手机习惯后，克服诱惑需要付出多大的自制力，我曾经邀请二十名高一的学生做过一个实验。实验的内容是：周末休班在家，把手机放到一个非常容易拿到的地方，同时在旁边放一张 A4 纸和一支笔，当你想拿手机的时候，拿起笔，在纸上画一条线，然后走开，画出的线写成“正”字，这样用画“正”字的方式，统计出一天你有多少次想看手机。

其中，不到五次的有两个孩子，多数孩子十几次；有一个孩子画了二十六个半“正”字，共一百三十二次。当问不到五次的两个孩子时，他俩的说法大致是一样的：平时只在中午休息和晚上看一会儿手机，虽然今天周末，但既然是测验，那就安排好其他的事情，不要总想着玩手机；但是因为想拿没拿到，比平时还是多想了两次。这两个孩子平时学习成绩非常好。

一百三十二次的孩子说，平时周末基本拿着手机玩，今天总想去拿，拿不到好像缺了点什么，一天好煎熬。这是一个厌学的孩子。

前两个孩子的自我管理能力非常强，方方面面都能安排得很合理，手机只是他们闲暇时的娱乐工具，他们已经可以很好地支配手机。后一个孩子则对手机形成依赖，几乎没有抗拒能力，成为手机的俘虏，时时被手机支配，当然学习也搞得一塌糊涂。

所以，不是手机使孩子变坏，而是孩子没有培养起自我管理能力，无法抵御手机等电子产品的诱惑，归根结底是孩子的自制能力不够。疫情期间，很多家长抱怨，网课毁了一批孩子，是一样的道理。毁掉孩子的不是网课，而是他们的自制力。

有良好自制力的孩子，他们会把时间安排得井井有条，并严格遵守。该学习的时候学习，该休息的时候才看会儿手机。他们知道哪是主要，哪是次要，绝对不会拿到手机就多玩一些时间，他们有管理自己时间的节奏。这样，他们就既能了解手机里丰富多彩的世界，和同学有共同话题，也保证了学习不受影响，眼睛不受过多的伤害。

如同手机和电子产品一样，情绪和异性的吸引也是青春期孩子应该学会管理的。对此，父母也无需紧张，无需回避，要相信孩子，让他们坦然面对；把考验交给他们，父母只需在他们偶尔想要破坏规矩的时候稍加提醒就可以了。这样，既锻炼了他们的能力，也保护了他们的自尊，到上大学离开父母身边时，你就完全可以放心了，因为他们已经成功地从他律走向自律。

相反，断网，拔线，没收手机，像猫抓老鼠一样，紧盯着不让谈恋爱，这些做法是多么粗暴和愚蠢。对于青春期的孩子来说，这样做不但不能帮助他们学会管理自己，还会激起他们强烈的逆反心理，出于对自身尊严的维护，他也要反抗到底。有多少孩子就是因此而自我放纵的。因为虽然你夺走的是他的手机，打走的可能是彼此有好感的异性朋友，但他感觉到的却是你践踏了他的尊严，于是他就毁掉自己给你看。

还有让父母更头疼的就是孩子的学习问题。有智慧的父母要明白，被迫进行的学习是不能在心灵上生根的。要牢牢记住：要让孩子学习好，最重要的就是要培养孩子自主学习的能力；要变被动学习为自主学习，让孩子做自己生命的主人，为自己立法。离开这一关键点，其他一切做法都起不了作用，不但无用，而且有害。

对于像前文那个男孩一样已经对父母形成依赖的孩子，父母只能先从自己身上找原因。然后下决心，在心理老师的指导下，修正自我的同时，再一点点放手，逐步唤醒孩子内在的力量。

第五章

在镜子里一起长大

父母不成长是孩子成长路上最大的障碍

如果不能真正地了解对方，也就不可能尊重对方。

——弗洛姆

无助到自残的女孩

面对爸爸怒不可遏的责骂，她垂着头，一言不发，似乎是习惯了，更像是麻木了。

这让她的爸爸更加上火。“她就是想偷懒，从小我们啥都不用她干，只学习就行，把她惯得越来越懒，现在懒得连学习也不想学了。还有三个月就高考，天天请假，说烦躁睡不着觉，说在学校待不下去。高考哪有那么轻松，人家同学都能待下去，都能学习，就你事多，这不是矫情吗？我们家又不是富豪，又不是官宦，哪有那么多公主病！”

爸爸越说越生气。“从八年级开始，生了她弟弟，她就找事，动不动就请假。初中功课简单，没怎么落下，高中可不行，这不，成绩都滑到中游了。这段时间更离谱，吵吵着不想上学了。马上就要高考了，好歹也得考个大学，不上学了，你干啥？”

“怎么这么不懂事，这么不让人省心呢？她妈妈身体不好，最近住院，我又要跑医院，又要接送她弟弟上学，她还这个样子，真是气死人。”

他一会儿对着女儿骂，一会儿回过头对着我说。

女孩开始流泪，但整个人坐着一动不动，任凭泪水滴滴答答。

“哭什么哭，爸爸哪里说得不对？自从上了高中，还添了个毛病，动不动就哭。看着这个样儿就心烦，有什么话不会说，你是没有嘴吗？”

爸爸的声音提高了两个八度，愤怒的样子像要打人。空气一时僵住了，冷飕飕的。我赶紧让他先离开一会儿，平静一下，让我和女孩单独聊聊。

女孩哭了一阵子说：“老师，说实话吧，我真的不想活了，活着实在没有意义，只会拖累别人。死了，所有人都轻松。”

“从什么时候开始有这个想法的呢？”我递给她一张纸巾，小心地问。

“初三快毕业的时候，我在学校感觉很难受。和他们说，他们不信，说我偷懒。其实，从初二开始，我就经常莫名其妙地烦躁；中考前，学习压力大，烦躁更厉害了。我也不想这样，每次扯自己的头发，头发都被我撕下一把一把的，这里都秃了。”说着她把头伸过来，撩起头发给我看，确实有一大块头皮已经没有头发。

“后来不仅烦躁，还很害怕。经常没来由地突然紧张，胸闷，喘不过气来，接着就非常害怕。有时候吓得哆嗦，感觉心就要被揪起来，濒死的感觉。在教室里实在透不过气，特别想跑出去。上课跑出去三次，到操场上空旷的地方溜达一圈，或者哭一哭，就轻松了。班主任找家长谈话，让他们带我去医院看看，他们不信，说我只是不想学习。我知道他们很累，知道弟弟不听话，我也很想努力学习，但我没有办法控制自己。”

说着，她从袖子里掏出一只圆规，然后把左手的袖子挽起来，露出胳膊，伸到我面前。天呐！整只胳膊都是划得密密麻麻的伤痕，最深的口子已经结了一条蚯蚓一样的疤痕。

我抚摸着她的胳膊，问她父母知道吗。她说："知道一次，就是这道最深的疤痕，我是用刀片割的。当时在教室里，同学看到了，把我送到了卫生室。班主任叫我爸来了，他骂了我一顿，当着同学的面。那一刻我真的想一头撞到墙上死了算了。"说着，她抽抽搭搭地又哭起来。

"从网上查到这可能是抑郁症。我很害怕，想去医院看看，他们就骂我，说我闲的，不想学习才会有毛病，只要认真学习就啥事都没有了。他们只关心我的学习，在他们眼里，学习就是一切；对我弟弟也是，整天催着学习，我弟弟不听他们的。我不敢，从小就听话。可是他们根本不管我们的死活，只要学习好就行。"

"睡眠怎么样？"

"很不好，从初二开始就没睡过很沉的觉，现在常常整宿整宿睡不着。"

"胃口呢？"

"吃得很少，不想吃。在学校，我基本上只吃早饭，中午和晚上都不吃。但不敢让他们知道，他们会骂我挑食。"

"吃不好，睡不好，你有没有感觉到疲劳？"

"累，很累。早上不想起床，浑身很沉，只想躺着。放假我躺在床上，不是想睡觉，就是不想起，也不想拉开窗帘。他们就骂我懒，骂我过得像老鼠。"

"你有没有和他们仔细说一说你的感受？"

"说过不止一次，可他们根本不听，现在都懒得说了。"她停止了哭泣，长长出了口气，好像吐出了胸中块垒，看起来轻松了许多。

只见学习，不见孩子

烦躁易怒，无来由伤心哭泣，紧张，胸闷，喘不过气，害怕，濒死的感觉，疲劳感，注意力涣散，没胃口，睡眠障碍，还有自伤自残行为。当把这些信息提取出来，摆在这里的时候，正常人看了恐怕都会吓一跳，这不是抑郁症的表现吗？然而，她的父母因为认定她是想偷懒，不想学习，不懂事，把这些症状都看成是她为此找的借口，并且她越难受，出现的症状越多，父母就越认为她是在变着花样找不想学习的借口。

在我的强烈建议下，妈妈最终带她去医院做了检查，结果是重度抑郁症。

当你读到这里，是否感觉到了不解和一丝愤怒，哪有这样的父母？孩子都这样了，还不带她治疗，还一味催促她学习。

可是，我想告诉大家一个事实，在咨询室里，这样的情况时有发生。孩子分明已经有心理问题，甚至是严重的心理问题，有些已经出现了幻听幻视等精神类问题，可是在父母眼里，这个孩子就是不想学习，是为偷懒找借口。他们坚持认为，如果认真学习就不会有这些毛病。

所以，只要孩子想请假，他们就更坚定了自己的想法——又要偷懒。当这个想法出现的时候，他们就会非常愤怒，一旦被愤怒控制，便再也看不到孩子本身，更看不到孩子的痛苦。在他们燃烧着怒火的眼睛里，这个孩子就是麻烦，就是矫情，就是不懂事。当软硬兼施都不管用的时候，他们就会开始抱怨自己命不好，摊上这么个不懂事的孩子。

他们看不到，孩子其实是生病了，不是在身体上，而是在心理上，这病看不见。但看得见的痛苦算什么，看不见的痛苦才会杀人。多少抑郁症患者自杀后的遗言中已经清楚明白地告诉世人，抑郁固然让他们痛苦，但更让他们痛苦的是人们的不理解，尤其是亲人的不理解。他们忍受着抑郁的痛苦，却被看成是矫情，是事多，是小心眼儿，是想不开，而这些，往往是压垮他们的最后一根稻草。

一个高三的男孩曾经说：“我不知道现在我是不是活着，感觉我不属于这里，很虚，很恍惚。我明明听见后排的同学在骂我，这是真的，你听，老师，他们又开始骂了。”

当时，他非常认真地对我说，而且很着急地让我听，似乎只要我能听见，就证明他没有说谎。看得出，对他来说，证明自己没说谎，比时常听到被骂的痛苦更重要。

我答应着，虽然当时他说的不是事实。他坐在我旁边，而他的教室不知道在某个学校的哪座楼上。说听到同学在骂他，而且感觉就是真的，那是他的幻听。

看到我没有反对，他轻松了很多。接着哭了，说：“我父母不让我说，还一直骂我，说我都是没事闲的，像个傻子。还告诉我千万别跟别人说，免得给他们丢人。他们说，这都是我不认真学习、胡思乱想闹的。他们认为，只要心用在学习上，就不会有那么多事。

“我不是不想学习，但后面同学骂我，我很生气。还有，临近高考了，我们教学楼下经常有狗汪汪乱叫，搞得我很心烦，学不进去。”

他非常委屈地诉说着，恨不得都倒出来，似乎终于有人愿意倾听他了。

这个孩子已经幻听到如此程度，可他的父母仍然觉得是孩子不想学习，是在胡思乱想。他们唯一的行动就是掩盖事实，强制孩子继续认真学习。当孩子自己提出找心理老师，他们要么不在意，认为孩子没事找事；要么立刻拒绝，因为内心的恐惧已经让他们不敢面对这个事实。

还有一个女孩说，自己经常会莫名其妙地烦躁，会伤心哭泣，学习不能集中精力，记忆力也下降。和父母说，他们不理解。自己偷偷去医院检查，结果是重度抑郁。当把结果给父母看的时候，父母说医生就是为了挣钱，正常人去也能测出抑郁，他们只是为了卖药。女孩说找个心理老师聊聊，妈妈说心理老师都是忽悠人，没问题的人，到了他们那里也说有问题；更何况去找心理老师，被人知道了，名声也不好，说只要认真学习，就啥事都没有了。

“不成熟的爱”将毁掉孩子

我们必须承认，不论这些父母的做法如何残害孩子，都没有理由否认他们对孩子的爱。希望孩子好是父母的本能，是初心，只是在教育的过程中掺杂了太多的东西而变了味。像另一个女孩的妈妈，曾经因为女孩在高一时谈过恋爱，就一直骂她不要脸，不害臊。虽然那次所谓恋爱只有短短三周，但是妈妈一直用这种羞辱的言辞骂她到高三。这种恶毒的咒骂严重伤害了孩子的自尊，破坏了她的价值观，并影响了她完整人格的建立。一个不被妈妈尊重的孩子，难以找到自己灵魂该处的位置，因为她从母亲那里首先学会的就是自轻自贱。尽管我们完全相信这位妈妈的初心是为了孩子好，骂她是害怕早恋影响了学习，但这种被心理学家弗洛姆称之为“不成熟的爱”，恰恰是孩子成长路上最危险的障碍。

曾经一个高二的男孩说：“他们一直说我这不行，那不行，即使我很努力做了，他们仍然说我不行。”

我安慰他说，父母是为了你好，爱之深，责之切嘛！

他皱了皱眉头，说：“我觉得他们不是为了我好，他们是觉得我给他们丢脸。”

多么沉重多么扎心的一句话！当父母的做法让孩子有这样感觉时，亲子关系也就彻底完蛋了。如果顺着这个方向走下去，不是鱼死，就是网破，因为这种爱已经变味了。正如弗洛姆所言：“爱是对所爱对象的生命和生长的积极关心，如果缺乏这种积极的关心，就没有爱。”

可悲的是，这样的父母往往不见棺材不落泪。面对僵局，他们不但不会反思自己，反而会固执己见。他们经常假装不在乎，会恶狠狠地大声吼叫：“你去死吧，死了算了。”愤怒随着吼叫是发泄了，却不知道危险正在积蓄。

在这样的家庭里，父母任由自己的意志行事，他们有自己的认知，有自己教育孩子的标准；他们把亲子关系当作上下级关系，视为隶属关系、主从关系，从来不考虑孩子的感受，父母说什么是什么；他们也从来不去了解孩子，想当然地认为老子走过的桥比你走过的路多，吃过的盐比你吃过的米多，还不知道你那点小九九？他们抱着这样的认知，自以为是，对于社会和环境的变化视若无睹，孩子的成长对他们来说，不是充满惊喜，而是不安和恐惧，他们时时感觉到自己的权威被挑战、被侵犯，于是他们会更加紧张和固执地坚守己见。

而对于做父母需要学习的观点，他们也是嗤之以鼻。在他们心里总有一个声音：自己的孩子，我还不知道他吃了多少干饭，还用得着学吗？他们总认为需要改变的是这个世界，而不是自己，所以出现了问题，总想修理孩子，而不反思自己。

不成长的父母是孩子成长路上最大的障碍。他们不懂孩子，也不懂自己，他们思想僵化，保守固执，总是用一成不变的眼光对待瞬息万变的孩子。尼采说：“孩子是纯洁，是遗忘，是一个新的开始，一个游戏，一个自转的车轮，一个肇始的运动，一个神圣的肯定。”他们就是这样充满好奇，不停地运动，随时都在创造鲜活的生命奇迹，如果家长不知变通，便会看得眼花缭乱；面对孩子的变化，会手忙脚乱。为了压制住内心的惊慌，他们会对变化的孩子竭力进行控制，控制是他们唯一的手段，因为他们从来不去学习、认识并理解孩子。

没有理解就不会有真正的尊重，不去理解就是压根没想到孩子应该得到尊重。

弗洛姆说，尊重意味着能按其本来面目看待人，能够意识到他的独特性，尊重意味着关心另一个人，使之按照其本性成长和发展。

一个好妈妈首先应该做到的就是对生命的尊重，从一个受精卵开始，就知道他是一个独立的生命，一个伟大的灵魂；他有他自己的使命，经由你来到世上，要走的是他自己的路。

心中有了尊重，眼睛才会平视，才会从孩子的角度去看，去想，才能加深了解，才不会被“为了你好”的执念迷惑，不会被外来利益左右，去强迫孩子做你想要的，而忽视孩子本身的感受和喜好。

智慧父母会摆脱自己的认知，时刻去观察孩子，及时看到并感受到孩子的情绪。所谓母子连心，息息相通，彼此一个眼神就知道孩子在想什么要什么，并和他们保持良好的沟通，随时评估他们的身心健康状况。帮助他们挖掘潜能，实现自身价值，而且是让孩子自己去实现，去绽放。

只抓分数，把学习看得过重，会让孩子感觉你只在乎他的学习和分数，而不关心他这个人，让你满意的是他的好成绩而不是他。这时，他们的心就会不停地说，自己是不被爱的，是不值得爱的，从而形成生命无价值感和无意义感。一旦这样的感觉在他们心中形成，那就不是学习优劣的事了。即使学习成绩再好，各方面做得再好，他都会觉得自己不如人。这种感觉将影响他的一生，因为他的内心是匮乏的，长期处于一种嗷嗷待哺的焦灼里。

父母顾面子、爱虚荣就更是孩子的悲哀了。这种情况常常会导致教育观念畸形，教育方法失当，从而对孩子造成摧残，让这些可怜的孩子为父母的人格缺陷买单。

智慧的父母都是学习型、成长型的。他们会随时发现孩子的变化，顺应变化，引导成长，而不会一味地控制。

《道德经》说："生而不有，为而不恃，长而不宰，是谓玄德。"意即，滋养万物生长而不把万物占为己有，助推万物成功而不自以为尽了力，成为万物的首领而不对万物进行控制，这就叫深远的"德"。父母对孩子的养育也应当这样。

善于在孩子生命的根基处做功课

一切伟大都从平凡中孕育，生活才是最好的教科书。

饭来张口，衣来伸手

“全家人的希望都寄托在他身上，没想到他成为今天的样子，真是让人无法接受。”

她低着头，像是自言自语，一边拿纸巾点按眼角，不让流出的泪水花了精致的妆容。

这是一个装扮极其精美的女人，却被痛苦无情地包围着，举手投足间痛苦都在探头探脑，华美高档的貂绒和熠熠闪光的钻戒也无法遮挡，朱唇皓齿间呼出的气息都是苦涩的。可见，财富从来不是幸福的代言人，无论多么富有，子女不肖，足以让你人生惨淡。

> 我爸爸是做房地产的身家几十亿的老板，公爹是做医药器材生意的，财富不输我家。我和老公都是独生子，两家的财富都是我们小两口的。老人们对后代寄予极高的期望，从结婚就买了一对金童玉女，放到婚房里，盼着引来儿孙满堂。
>
> 婚后从第一天开始，食物都是按照备孕要求准备，有机、低残留。蔬菜水果是自家蔬菜基地种植，海鲜都是日本、意大利进口的，市场上普通的食物一律不上饭桌。我们小两口住着五百多平的别墅，生孩子前，有三个保姆：中西餐厨师各一个，卫生保姆一个。

他一出生，是个男孩，老人们特别高兴，两个爸爸各给了一百零一万，寓意百里挑一，家里又请了月嫂和育婴师。姥姥和奶奶都是全职太太，每天都来我们家看孩子，家里七个女人伺候一个孩子，根本用不着我们小两口，甚至我俩都靠不上边，被嫌弃笨手笨脚。

我非常爱干净，要求孩子的手也必须是干净的，衣服必须是整洁的，所以保姆从来没让孩子衣服上有一点污渍，也从来不让他用手到处乱抓。

关于这一点，她似乎很骄傲。

从上学后，爷爷就从公司专门安排一辆汽车接送他和保姆，相当于他有了自己的专职司机和生活秘书。书包从来不用自己背，车门都不用自己开，他过得似乎非常快乐。

但是，到了五年级以后，我开始感觉有点不对头了，发现他特别爱支使人，经常自己在玩的时候，大喊：王姨，给我拿啥啥啥来。开始，我只是觉得他这样做是不懂礼貌，自己顺手能拿的东西，还喊别人，过分了。后来发现，写作业他也不停地问王姨，书包放到哪里了，笔在哪里，等等。而且王姨不立刻拿来，他就发火，作业忘了也发火。我觉得不对了，就让王姨别管他，让他自己来。

他写作业特别磨蹭。后来请了家庭教师，专门负责他写作业。家庭教师很严格，他不敢磨叽了，老师让他干啥他就干啥。但是，上了初中，他就不干了，说自己能行，硬是把老师赶走了。

我觉得也应该锻炼锻炼他的生活自理能力，就告诉保姆不要什么事都替他做。开始还行，但到了初二，就完全变了，直接不写作业，天天拿着手机，谁都要不来，说多了就发火，还赌气出去不回来，学习成绩也因此一落千丈。

没办法，每一科都请了一对一的辅导老师，都直接到家给他辅导，但是没用，成绩还是不升反降，现在都倒数了。

爷爷奶奶都着急，我们夫妻俩天天吵架，我简直过够了。

说到这里，她呜咽了。看得出痛苦不止来自孩子，夫妻间的矛盾或许更让她难受。

过了一会儿，她接着说："但是他总是一副死猪不怕开水烫的样子，怎么说都不管用，油盐不进。地生会考，两个D，马上就中考了，考不上高中这可怎么办啊？怎么才能让他管理好自己，规划好自己的时间，认真学习呢？其实，只要他考上高中就行，后面的事他爷爷都想好了，人生都替他规划好了。大学出国读，已经在美国考察好了学校。大学毕业以后，可以自己发展，也可以回家跟着干。本来高中也可以出去，但是他还小，啥也不会做，害怕出去生活不了。"

她一边说，一边唉声叹气，无奈的样子也让我感觉非常无奈。

培养生存能力是养育的内核

凭经验，我知道像她这样的妈妈，孩子小的时候在教育上是根本不会听忠告的，尽管那个时候才是解决问题的黄金期。只有等孩子出现问题的时候，她们才会到处求助。因为孩子小的时候，问题还没有显现，而且她们的声威足以压制孩子在那个时候出现的任何偏差行为。她们非常自信，不可能管不了个毛孩子。就像一位干管理工作的妈妈说的："孩子没出问题以前，我天天想，我手下一千多人，就不信管不了你这个小东西。”她觉得自己在工作中表现出来的能力，用来管理一个毛孩子还不是小菜一碟。她们不知道，这根本是两码事，孩子不是员工，用强权压制得住，是因为他还没长大。

曾经有个邻居的小媳妇经常打儿子，四邻都听得见。我听不下去，找个机会和她长谈了一次，告诉她教育孩子要讲究方法，不要试图威胁吓唬孩子，更不要试图控制孩子……我十二分诚恳地说了一些教育孩子的肺腑之言，结果，她很礼貌地听完，最后说：“谢谢，你说得很好，但那些东西对我儿子不管用，我最了解我这个儿子了，你快忙吧。”我一下蒙了，等反应过来，只好嘿嘿一笑，顾左右而言他，找个台阶自己下了。

但我的愚蠢不止于此，在刚开始做心理工作的几年里，每当看到青少年们出现了问题，就想去给婴幼儿的父母们讲，迫切希望他们不要重蹈错失婴幼儿教育黄金期的覆辙，不要让他们的小孩子再受同样的罪。于是多次主动去幼儿园给家长讲课，每次得到的反馈几乎是一样的：你讲得很好，但是我们用不着。

这与中学生父母听后的反应形成巨大的反差。记得每次给中学生父母做完讲座，他们会簇拥上台来，问各种问题，喊着：给我个办法吧，老师。都迟迟不离开讲台。那一刻，仿佛讲课人就是救世主。可是，我又有什么办法对付他们的孩子呢？那些问题都是他们给孩子从小种下来的。我发现，绞尽脑汁给出的办法，仍然是更适合小孩子的父母，孩子越小越管用。于是，我坚持去讲，可是小孩子的父母依然无动于衷。这也可以理解，因为他们还没看到孩子的问题呀，所以，他们就非常自信地认为，自己的孩子没有问题。

看不到就认为不存在，到底算不算愚蠢呢？这自然应该是不言而喻的。但如果你直言不讳，把你从专业的角度发现的问题指出来，只能是自讨没趣，更严重的还会招来怒骂：你家孩子才会出问题呢。

面对可爱的婴幼儿，很少有年轻的父母会想到一个问题：将来自己可能管不了这个孩子。这样的念头只会出现在聪明的脑袋里，他们会发现孩子的思想是多么丰富，生命是多么奇特，与自己有太多的不一样，从而对生命充满敬畏，于是开始有兴趣好好学习，认真研究，到底该如何去教育这个小家伙。但是，绝大多数人在这件事上从来没有思考过，在他们那里，养育孩子全凭本能，一切都是理所当然。只有当孩子长大出现问题的时候，他们管不了了，才会到处求人帮助，但是他们不知道也不会承认的是，问题正是他们一手造成的，而且是从小到大的日积月累，哪里是说说就能解决的。

如果有明眼人拿他们的例子告诉下一代婴幼儿的父母，要未雨绸缪，防患于未然，不要重蹈覆辙，这些年轻的父母的反应仍然是：你讲得很好，但我们用不着。就这样，周而复始，每一代人中，总会有无知的父母以爱的名义亲手毁掉自己的孩子。

我一度泄气，不想再说了，但是，每当听到这样的事情，仍然强烈地觉得有说的必要。悲悯在心中涌动，让我不吐不快，我依然相信会有人觉悟，进而改善自己的做法，减少对孩子的伤害。

让我们再回到案例，看看这位无助的妈妈犯下了怎样的错误。

家里七个女人伺候一个孩子……这个孩子从出生就被照顾得无微不至。这可能就是出问题的根本原因。孩子一切被照顾得好好的，他不需要考虑任何东西，甚至不需要动脑子，“后面的事他爷爷都想好了，人生都替他规划好了”，这样的孩子，他虽然活着，但从来没有真正生活过。他不需要为自己和他人做任何事情就可以得到一切，可是也因此失去了锻炼基本生存能力的机会，更不可能享受到成长的快乐，甚至会因此失去生命的动力。

基本生存能力的培养和锻炼与财富没有关系，它是人生的必修课，人人机会平等，从来不见有哪一个孩子因为出身富有，就可以不遵循“三翻六坐七滚八爬”的生长规律，在三个月就会直立行走；也不会因为富人家的孩子穿的鞋子是名牌，孩子就不会穿反了。而妈妈爱干净，不让孩子往嘴里塞东西，可能剥夺了孩子口唇期的体验，造成孩子终生的不良嗜好；如前面的妈妈说的“我非常爱干净，要求孩子的手也必须是干净的，衣服必须是整洁的，所以保姆从来没让孩子衣服上有一点污渍，也从来不让他用手到处乱抓”。所有这些，对孩子成长造成的伤害都是难以改变的。试想，孩子长大之后，生活起居甚至连写作业都有保姆伺候，他哪里还需要什么生活的能力？而等看到他“无目标，无动力，不认真学习，死猪不怕开水烫”的时候，就想靠讨要一个办法来改变，怎么可能呢？这就是俗话说的积习难改。

快速改变源于自立

焦虑的父母领孩子前来咨询往往都渴望咨询立竿见影，好像只要把孩子送进咨询室，顷刻之间他就能改头换面。忘不了一个初一女孩妈妈的眼神，当她说完孩子的情况，说希望我能让孩子改变。我说：“改变起来可能很慢。”她立刻瞪大了本来就非常大的圆眼睛，伸过头，问了句：很慢?！满脸的疑惑和不解。我分明听到她心里在说：怎么可能很慢？你那么神，谈一次不就行吗？

不得不说，我为她的吃惊感到悲哀。要知道，认识和能力是两码事，认识可以立刻转变，但能力不能即时拥有。即使我们能让孩子思想上立刻改变，但是支撑他付诸行动的能力也不会是想有就有的。

在我这里也有很多被父母带来转变非常快的孩子，有的聊一次就变了个样子，只需要一次。这里不妨举个例子看看，这样的好孩子又是怎么转变的。

这个男生，今年高二。中考时各科全A考入高中，高一贪玩，成绩直线下降，化学生物只能考二十多分，数学三四十分，来找我的时候，是高二刚开学十天，说上课总是犯困，走神。

聊完一次，看得出他非常震惊和触动。用他的话说：老师你敲醒了一头睡狮。第二次来的时候，进门第一句话就是："时间太紧了，直接不够用！但是高三考试占用我们的教室，不得不放假。"就这一句话，我就判定他已经完全进入学习状态了。

的确，他说，现在上课不犯困了。看了看过去一年学的东西，感觉简直太荒唐了，自己决定奋起直追。后来，他用了三个月就把化学全都搞明白了，分数从二三十分提到八九十分。接着开始攻数学，方法是基础攻坚加多刷题，把课本上的基本公式定理弄懂以后，每种类型刷一百道题，这意味着他要比同学多做一倍多的题，不得不占用吃饭睡觉的时间。他说自己现在每天就像打了鸡血一样，精力充沛。可是，两个月之后的期中考试，化学考到第一，数学却一分也没提高。我问他怎么回事，他说，认真研究了一下方法，觉得方法没问题，应该是还没复习到，他要坚持。又过了一个月，月段考试，数学成绩仍然不见提高，我又问他感觉怎么样，他说，虽然分数没提高，但是，他感到做题有感觉了，所以，还要继续坚持。最终，期末考试，数学考了九十八分，分数开始提升了。我替他高兴，因为在我眼里，这个孩子的付出实在太多，努力和汗水终于有了回报。

一年多了，他就是这样心无旁骛地攻坚克难，从来没有一天懈怠过。这看起来不可思议，但其实也并不奇怪。因为在他身上，有两点不是一般孩子所能做到的：一是不怕困难，他要把数学从四十分提高到一百二十分以上，这个目标一般孩子都会望而却步，更不用说去做，但是他不怕。二是坚持不懈。别人玩的时候，他都在刷题，别人睡觉的时候，他也在刷题，别人吃饭的时候，他依然在刷题。正如鲁迅先生说："哪里有什么天才，我只是把别人喝咖啡的时间用在工作上了。"

即使这样，成功也不是一帆风顺，也从来不是直线呈现。他拼命努力，几次考试却不见提高，一般孩子早就泄气了，连我都感觉到有些动摇，考虑是不是帮他从总体分数上找缺口，但是他仍然斩钉截铁地说，方法没问题，要坚持。说实话，我都被感动了，到了这时，已经不是我引领他，而是他在感动着我，让我不得不佩服。我们都知道，坚持就会有收获，坚持就是胜利，但这么简单的道理，我们很难做到，而他正用行动践行着。

有的父母会说，既然有的孩子可以立马转变，我们的孩子怎么就不行呢？他又是怎么做到的呢？

要回答这个问题，还是看看他的成长过程吧。

原来这个孩子的父母都是老板，平时都是各自忙生意，从来就顾不上他。从上幼儿园他便学着自己照顾自己，每天自己把水杯放进小书包，跟着爷爷走进幼儿园。放学时，妈妈接回来，就在妈妈的店里自己玩，还会帮妈妈招呼客人。上了小学后，都是自己走路去上学，每天挂钥匙回家。四年级就开始给爸爸妈妈做饭，洗衣服、拖地也都是他的任务。周末完成作业，打扫完家里的卫生，就可以去和同学打篮球，这让他养成了爱运动的好习惯。中考时，很多孩子体育不及格，尤其是引体向上，他竟然拉了三十七个，而满分只需要十六个。运动的习惯一直保持，直到现在，他说学得累了，周末就去打一场篮球，之后就满血复活。

现在，为了节省时间，父母在学校附近租了个房子，他住在那里，家里的活儿不用他干了，但是，自己的衣服还是一直自己洗。每天早上还给住校的同学带早饭，多的时候一次能帮十六个同学带。妈妈怕耽误他的时间和精力，他说不耽误，校门口餐车的阿姨都非常熟了。晚上自习前，同学们把要吃的鸡蛋或者饼在一张纸上写好，钱给他，晚自习放学时，他就把纸条塞到阿姨的餐车上，第二天早上阿姨早早按着纸条准备好，他骑车到那儿，把钱给阿姨，拿着就走，一点不耽误。这样同学们都能吃到想要吃的热乎乎的饭，而自己也感受到了生活的充实和人生的价值。

不说他的爱心和助人的精神，先说这种在紧张的学习中，对时间的统筹和规划能力，这种对待生活从容的心态，难道不让我们佩服吗？而且，对自己的人生，他有清晰的目标，有不竭的动力，有具体的计划，知道自己要什么、干什么，并能安排好零碎的时间，不耽误处理好人际关系，从他身上我们所能看到的仅仅是认真学习吗？当然不是，是品质，是综合素质，是他从小就培养起来的生活能力。他的妈妈说："这个孩子从小就生活能力超强，日常生活中没有难住他的事。"所以，能力和综合素养决不是凭空而来的，都是像他这样从小在生活中一点一点培养的，养成之后的能力内化在生命里，学习只是调用这些能力罢了。相反，生活中什么都不会做，能力得不到任何锻炼和培养，学习中怎么会有能力克服困难，怎么会胸有大志，奋发图强呢？

而且，能力也不是当下就会拥有，同样是从出生开始日积月累地锻炼和培养的，问题也不是偶然发生，也是从小积累起来的。所以，培养一个健康向上的孩子，就要从小进行正确的引导。让一个三岁的孩子自己穿衣服，尽管开始衣服会穿反，扣子会扣错，但看他那副得意的神情，俨然像是打了一场大胜仗归来的将军。实际上，对他来说，穿衣成功给予他的自信绝不亚于将军打了一次胜仗。但是，如果保姆替他穿了，便会让他失去了增强自信和征服困难的体验，什么事情都替他做了，他还能体验到成长的滋味吗？

所以，好的父母都懂得敬畏生命，尊重自然，不会轻易剥夺生活给孩子的任何一点考验，会让孩子在大自然的生存法则中成长、成熟。他们珍惜生活中每一个细小、简单的锻炼机会，从让孩子自己穿衣服、系鞋带到自己做饭、打扫卫生；从整理自己的学习桌，到统筹安排自己的生活；从制定小的学习目标到做出大的人生规划；从识别情绪到管理情绪；从尊老爱幼到人际关系和谐……这点点滴滴，他们都不会错过，因为他们知道：一屋不扫，何以扫天下？这些都是在生命的根基处做功课，就像毛竹在地下扎根。根深蒂固了，还用得着担心叶不茂，花不开，果不丰吗？

用智慧引导孩子热爱老师和校园

如果孩子在学校出现问题，原因常常根植于家庭。

痛恨学校的男孩

这个初三男孩不想上学。不同的是，对学校他不是厌恶，不是害怕，而是痛恨。他说："早晚我要炸掉这个破烂学校，把那些可恶的家伙一锅端掉。"

"那些可恶的家伙"指的是他的几位老师。说这话的时候，他转身背对着他的妈妈，斜眼看着天，一副得意洋洋的样子，似乎已经大功告成。

说出这样的话让我十分吃惊，不由得又看了看他。

这是一个长得很儒雅的男孩，个子不高，身材匀称，微微胖的脸蛋总是挂着微笑，不说话时给人的感觉仍然是少年的纯真可爱。除了非主流打扮，浑身还真找不到一点超出规矩的迹象。但就是这样一个男孩，张口就是一连串恶毒的语言，满是戾气，这与他整洁干净的外表极不相称，倒像是胸前黑色体恤上的骷髅头在说话。

到底学校对他做了什么，让他如此痛恨？

我微笑着看着他，充满好奇地等待他的诉说。他的妈妈可能觉得他骂骂咧咧很不像样子，就不停地制止他："不许那样说老师，学校都是为了你好。"

"屁！为了我好，全都是屁，渣子，傻Ｂ！"他愤怒了，但这次骂的不仅是老师，恐怕妈妈也脱不了干系。

他来之前，他的妈妈已经大致说过他的情况。

最近有三周不上学了，并且与社会上一些小混混泡在一起，昼伏夜出，有时候还夜不归宿，抽烟、喝酒、打架……都沾上了。爸妈时常整晚在城里转着圈找儿子。妈妈愁得头发都白了，爸爸天天借酒浇愁，已经上班的姐姐也干脆不回家住了。

什么办法都使了，就差给他下跪了。不提上学还好，一提学校就炸。

他为什么这么讨厌学校，知道吗?

不知道。他就是骂，骂老师势利眼，不公平，欺软怕硬；骂学校一团黑，说老师故意整他，说起来就气得哆嗦。

从什么时候开始骂老师和学校?

从初二。他本来很听话，从小我们就教育他一定要听老师的话，老师都是为了学生好，哪怕老师错了，也要听。小学的时候很好，但初二发生了一件事，就再也不听了。

上自习，老师出去了，很多孩子都在说话。这时班主任进来了，冲着他们过去，把他们三个揪了出来，狠狠骂了一顿，并让他们站到讲台上检讨。他不检讨，说自己没说话。他说，当时他没说话，是那两个孩子隔着他在打闹。老师火了，说他竟然撒谎。结果那两个孩子检讨完，回到座位上课了，老师把他赶回家反省一周。

上学被赶回家，我们很生气，也觉得很丢人，公司又忙，没时间陪他在家，又急又气我就骂了他一顿：要是你不说话，老师怎么就抓你，怎么不抓别人？叫你好好听老师话，你为什么不听？叫你检讨就检讨吧，做个检讨能死啊？还和老师顶嘴，你怎么那么能耐。

他不说话，呜呜地大哭，看来大概是被冤枉了。

一周以后，倒也很好，乖乖上学去了。我让他到学校后先去给老师道歉，他大概没去。没想到也就上了三天，老师又打电话找我，说赶快来学校一趟，他和年级主任打起来了。我一听，惊得手脚发凉。他从来不会打架，怎么敢和主任打起来？他爸爸出差不在家，当时我自己已经开不了车了，赶紧叫着我姐姐和我一起去学校。一路上商量着怎么求老师原谅他，千万别再被赶回家反省了。

到学校一看，他在办公室墙边站着，班主任正在教育他，还有两个老师在帮腔，年级主任在旁边坐着。他仰着头，不服气的样子。我一看就火了，孩子怎么这个样子，得赶紧先给老师赔礼道歉啊。我和我姐姐说尽了好话，让人家老师先消消气。接着，又回过头劈头盖脸地说他。但他哪里听得进！只见他攥着拳，瞪着眼，呼呼地喘气，那个样子很吓人。当时我就想，千万别背过气去，但是当着老师咱也得批评他。我姐姐实在看不下去了，把我拽开，说先听老师怎么说。

原来，中午去食堂吃饭，有学生插队，其中两个孩子吵了起来，他班的队伍就乱了。年级主任老远看见，过来对着五六个孩子就动了手，一个孩子捶了一拳头。别的孩子见状，赶快排队去了，就他冲着主任说，我怎么了？主任接着又捶了他一拳头说，你说你怎么了？他可能生气了，说我什么也没做。主任说，让你再瞪眼……他说，我瞪眼怎么了！可能主任又想捶他，他抬手挡了出去。就这样，他被班主任揪到了办公室。

我猜，大概是上次受了委屈，气还没出来，就又被冤枉了，很生气。但在老师面前，咱不能说孩子没错，也不能让孩子争辩，只能忙不迭地给主任道歉。主任很生气，说就没见过孩子这样对他，先领回家反省反省吧。我们姐妹俩都再三道歉，求老师别让他回家了，这不刚回来。主任说，刚回来就这个样子，只能说明反省不彻底。我当场就流泪了，说，放学回家我们好好教育，老师求求你了……我刚说了这句话，就听他歇斯底里喊了一声“傻B”，拉开门就跑了。我们急忙跟着追上，只好带他回家，气得我心脏病都犯了。

一个下午没理他。傍晚，我想再慢慢说说他，谁知刚说了一句：“你怎么这么不教人省心！”他就又发疯了，嗷嗷地大叫，一边哭一边说：从小就让我听老师话，听老师话，为什么？他们不对，我为什么不能说？受了委屈从来不敢回家说，说就骂我，凭什么？那些臭老师，凭什么求他们？凭什么……我要杀了他们！

他呼呼喘气的样子，吓得我再也不敢说他了。从那以后就不想上学了，断断续续三天两头请假，在学校也经常犯纪律，哪个老师说也不听，愁煞人了。

读到这里你会是什么心情呢？是否和我一样心情沉重？你该看得明白吧，很显然，这个孩子是受了极大的委屈，而且这委屈由来已久。

家庭教育影响孩子对学校的态度

我跟小男孩单独聊的时候，一整个小时他都在大哭，边哭边说。从小学开始直到现在受的委屈汩汩滔滔倾泻而出，细节都记得那么清楚。像他说的，妈妈一直教育他在学校要听话，如果发生了不愉快，回到家挨批的一定是他，不管青红皂白，妈妈从来不问到底是怎么回事。所以后来，不论发生什么，他都不敢回家说了。但他从此不再相信父母的话，也不再相信老师，并且对老师充满了恨。

这到底是谁的错？

应当说，每一个孩子走进校园时都是一张白纸，老师和同学会带给他无限美好的想象。他会在那里发蒙，探索，成长，不止于学习课本知识，更多地是在与人相处中学习团结、协作、竞争、共赢、分享……当然成长必然伴随着烦恼，但矛盾和摩擦恰恰应当是他们学习与人相处技巧的机会。

孩子最初对学校的认识和印象往往是父母给的，父母对学校的态度，直接影响着孩子和学校的关系。所以，孩子和学校的关系出了问题，还是应当从家长方面找找原因。

像这个男孩的家长一样，不少父母从孩子上学起都会要求孩子一定要听老师的话。这种态度，很有普遍性，似乎也没有错。但把这当作金科玉律，当作至高法则，甚至明确说，哪怕老师错了也要听，一旦发生点什么，不问青红皂白，对孩子劈头盖脸就是一顿臭骂，就过分了，而且会制造出问题。

父母想到的是，要教育孩子，就要维护老师，让孩子听话，即使老师错了，孩子也要服从。但父母想不到的是，如果孩子受了委屈，无人理解，无处诉说，就只能积攒在心里。有些孩子还会一直压抑下去，成为校园欺凌的对象。而有些孩子则不同，小的时候，迫于父母的威严，不敢不听，但是随着长大，他逐渐有了判别是非的能力，对于不公就会不服气，而家长的强硬态度，一边倒的压迫，让他们敢怒而不敢言，只能化作愤怒和怨恨。就这样，仇恨的种子在幼小的心灵里慢慢生长，直到忍无可忍，一旦爆发，就不可收拾。

但是，可怜的是，小孩子并没有可以自己支配的东西，用来报复的资本充其量就是他的学习和他自己。于是，他就开始放弃学习，毁掉自己，以示抗议，想用这样的做法捍卫自己的主权和尊严。同时，他也可能走向另一个方向，彻底不听老师的话，不听父母的话，甚至谁的话都不听，你不说还好，你越说他越逆反，并且还可能不断地出现报复性行为，进而发展出报复性性格。

正确看待学校

本来是两个乌龙。第一次发生矛盾，他并没有违反纪律，他完全可以选择合适的时机，心平气和地跟老师解释清楚，但是由于从小没受到这方面的教育，在他的内心里，老师的话必须要听。但他又分明是被冤枉的，出于本能，积累已久的愤恨促使他反抗，在激烈的情绪中，他不但没有说清楚，而且激怒了老师，把事情搞砸了。但即使这样，对于这次处罚和父母的批评，他还是忍了。

第二次，恰恰就在第一次之后，一肚子委屈还没宣泄出来，同样的情况又发生了。所以他必然会坚决澄清自己，结果仍然是劈头盖脸都冲着他来了一顿说教。而更不能让他忍受的是，妈妈在老师面前的哀求。当妈妈在老师面前低声下气的时候，这在他眼里就是一种屈辱。对一个男人来说，妈妈受辱是他们最无法忍受的痛。他虽然还不是一个成熟的男人，但他已经长大。于是，这个青春期的男孩忍无可忍，所有的怨恨终于喷薄而出。他彻底爆发了，以致走向了报复的一方。

记得还有一个高一的男孩，一米八五的个子，体重一百公斤，不看稚嫩的脸，那就是一个大男人。但是，当说起自己在初中受到的欺负，他哭得竟然也像那个小男孩一样。他说：“从小只要和同学发生矛盾，父母总是批评自己，从来不问对错。所以，在学校经常被欺负，但不敢回家说。”特别是毕业时的那次同学欺凌，更是给他造成了很深的心理阴影，以致进入高中之后，他不敢再跟任何同学交往，下课就自己老老实实地坐着。但他发现，就是这样，还有同学要拿他开涮，他因此非常痛苦。因为家长早已经堵住了他可以倾诉的通道，他只能独自吞咽委屈。

其实，不少人心中可能都藏着这样的秘密：在学校时被欺负，被冤枉，回家却不敢说，以致结成一个永久的伤疤，深深地藏在自己的潜意识里，直到成年之后，由于某些事情的诱发，这块伤痛才会爆发出来。

曾经有一个四十多岁的妈妈，坚决反对女儿学美术，谈话过程中，说到自己上学的时候因为喜欢画画，在作业本上画了一幅画，结果被老师当众讽刺挖苦：“不认真做题还画图，你这个样子还能成为画家？”并举起她画的“穿裙子的小女孩”给全班同学看，同学们都哄堂大笑。她说，当时自己羞愧得无地自容，回家又不敢跟父母说，怕挨骂，就自己一个人偷偷哭了三天。从那之后，自己再也没有拿过画笔。直到女儿想学绘画，两个人争吵起来，这件事才又浮现出来。

她为什么那么反对女儿学画画？其实，自从那次画画事件之后，在她内心就有一种恐惧一直被深深地埋藏着，对她来说，绘画就是一件非常可怕的事情，她怎么可能让女儿陷入危险之中呢？

家长这种学校至上、孩子要无条件服从的做法，表面上看，是对学校的信任，其实反映出来的是父母心中的担心和不安。他们特别害怕老师对孩子不好，害怕孩子在学校受到伤害，便时时刻刻要求孩子乖巧、听话，以此讨得老师的喜欢。但是让父母想不到的是，当这种担心变成一种哀求，变成一种讨好，却最终会导致孩子的认知混乱。面对现实，一段时间内孩子会不知道该怎么做，如果父母坚持这种态度，就会把他们逼到反抗的路上。

另一方面也要看到，要求孩子在学校严格遵守纪律，遵守各项规章制度是没错的，这些是行为的准绳，但是要求无条件地服从老师就不对了。老师和学生一样也要遵守规则，当学生犯了错误的时候，要听老师的，那时候的老师代表的是规则。然而老师不是神，很难时时刻刻明察秋毫，因为判断错误而冤枉学生也是可能的，做错了事也是难免的，发脾气也会时有发生，总之，老师是人，是人就会有缺点，就会犯错。所以，智慧的家长会把这些告诉孩子，会和孩子一起商讨处理这类人际关系的办法。当父母带孩子理性处理后，孩子遇事就会学习用理性调控情绪，采取正确的方式与老师沟通，和同学相处，而不会任凭情绪疯长，一条道走到底。

父母对学校的态度还有另一个极端，他们总是对学校和老师持一种敌视态度。他们自我感觉极佳，自高自大自恋，经常当着孩子的面非议老师，否定学校，专挑学校不好的地方评头论足，恶意攻击。

这些家长常常以此显示自己高明，自鸣得意，但实际上极为荒唐愚蠢，因为你这样说，相当于你在告诉自己的孩子，你去的这个地方充满了丑恶，龌龊不堪。这样，学校在孩子心中的“乐园”形象也就随之崩塌了。试想，一个满是丑陋的地方，孩子能喜欢吗？如果孩子相信你，他就跟你一起厌恶学校；如果孩子不信服你，他就会在对错之间颠倒迷失。

曾经一个高三女孩哭着说：我真不知道我爸是怎么了，他天天抱怨学校老师不负责任，但是我觉得我的老师们都很好。我说这个周末我们比普通班多上了半天课，他就说，你们老师又要挣加班费了；我说我们调了座位，他就说，你们班主任又收红包了。我听了特别生气，就说，那你送红包了吗？我尤其受不了他那种自以为是的态度，总是告诉我在学校要小心，要长心眼儿，可是我感觉我的同学和老师都很好。所以，我俩一说话就吵架。真是烦死了！

我们不去评判这段对话中的是非了，只要看看对孩子的影响就够了。其实，在这些家长的心里藏着很多自己过不去的结，他们自身需要疗愈。但是，因为他们的不觉察，又影响到孩子。

现实中，对学校持不友好态度的家长并非个例。有一天，我去参加一个婚宴，酒席上，有一个奶奶带着一个不到三岁的小男孩，男孩很兴奋，到处乱跑，怎么说也不听。于是奶奶很严肃地小声说：你要听话，对面这个阿姨是老师。小男孩果然安静了。过了一会儿，小孩又要到处跑，奶奶就加码说：你再不听话送你去学校，看看老师怎么治你。小孩立刻老老实实。我听了，突然觉得很好笑。通常吓唬小孩，说狼来了，老虎来了，都不一定管用，在这个小孩面前一说老师就老实了，这老师比老虎还吓人。

老师和学校被描述得那么可怕，甚至用来吓唬孩子，还指望孩子长大后喜欢上学，这不是自相矛盾吗？

智慧的父母与此相反，他们绝不会破坏学校在孩子心中的“乐园”形象。相反，他们会引导孩子发现学校的美好。有个妈妈说，她的女儿最大的特点是走到哪儿喜欢哪儿，小学、初中、高中、大学，读过的每一所学校，她都非常热爱，提起来就满脸带笑，如数家珍，语气语调都洋溢着满满的爱。其实，这是妈妈早已在孩子的内心播下了爱的种子。内心有爱，哪里都是天堂。

一个人出生三年就进入校园，一直到二十多岁才走上社会，校园生活占了整个人生的几乎四分之一。如果没有喜爱，那将是多么悲惨的事情。所以，好妈妈会用智慧帮孩子建立和学校的良好关系，早在孩子走进校园之前，她们便会从生活的方方面面入手，把学校的美好种进孩子心中，让他从小对学校充满向往，并在孩子上学的过程中不断激发和点燃他对学校和老师的热爱，带领他发现美好，看到爱。这样，即使发生不愉快，他也能认识到这是自己锻炼成长的机会，而不会影响他内心对学校的喜欢和热爱。相反，他会珍惜校园里的一切喜怒哀乐，把这看成是宝贵的经历和财富，哭和笑在他们心里都有别样的美好。

充满美好的地方便是天堂。生活在天堂里，才会成长出天使的模样。

图书在版编目（CIP）数据

爱孩子，从懂他开始：用心理学赋能家庭教育 / 李百芹著. -- 北京 : 作家出版社，2023. 11

ISBN 978-7-5212-2529-7

Ⅰ. ①爱… Ⅱ. ①李… Ⅲ. ①家庭教育－教育心理学 Ⅳ. ①G780

中国国家版本馆CIP数据核字（2023）第185062号

爱孩子，从懂他开始：用心理学赋能家庭教育

作　　者：李百芹
责任编辑：郑建华　李　雯
装帧设计：尚書堂 · 叫獸 BOOK DESIGN 13261351222
出版发行：作家出版社有限公司
社　　址：北京农展馆南里10号　　　　**邮　　编：**100125
电话传真：86-10-65067186（发行中心及邮购部）
86-10-65004079（总编室）
E-mail:zuojia@zuojia.net.cn
http://www.zuojiachubanshe.com
印　　刷：三河市北燕印装有限公司
成品尺寸：165×240
字　　数：198千
印　　张：15.5
版　　次：2023年11月第1版
印　　次：2023年11月第1次印刷
ISBN　978-7-5212-2529-7
定　　价：45. 00元